本书受西北农林科技大学经济管理学院资助出版

农民创业中信任作用机理的理论与实证研究

赵佳佳　刘天军　著

中国农业出版社

北　京

图书在版编目（CIP）数据

农民创业中信任作用机理的理论与实证研究 ／ 赵佳佳，刘天军著 . —北京：中国农业出版社，2024.6
（中国"三农"问题前沿丛书）
ISBN 978-7-109-31976-9

Ⅰ.①农… Ⅱ.①赵…②刘… Ⅲ.①农民—创业—研究—中国 Ⅳ.①F323.6

中国国家版本馆 CIP 数据核字（2024）第 101481 号

农民创业中信任作用机理的理论与实证研究
NONGMIN CHUANGYE ZHONG XINREN ZUOYONG JILI DE LILUN YU
SHIZHENG YANJIU

中国农业出版社出版
地址：北京市朝阳区麦子店街 18 号楼
邮编：100125
责任编辑：王秀田
版式设计：王　晨　　责任校对：吴丽婷
印刷：北京中兴印刷有限公司
版次：2024 年 6 月第 1 版
印次：2024 年 6 月北京第 1 次印刷
发行：新华书店北京发行所
开本：700mm×1000mm　1/16
印张：12.25
字数：200 千字
定价：68.00 元

向更高层次、更大范围和更深程度推进农民创新创业可为农业产业转型升级、农村经济高质量发展奠定坚实基础。然而，市场经济转轨阶段尚不完善的正式制度与农村地区要素制度改革期的不稳定引致农民创业活动创业风险加剧、不确定性攀升，严重阻碍了农民创业活力的激发，制约了农民创业效益的提升。信任，作为一项非正式制度，在正式制度缺位时发挥着重要的补充替代作用。信任不仅可以降低不确定性、抵御风险，还能促成合作、提高协作效率，为新时期新阶段提升农民创业发生率和提高创业成功率提供新思路。因此，将信任概念引入农民创业优化问题研究具有重要理论价值和现实意义。

本书基于创业过程理论、机会识别理论、资源基础观等多维理论，构建创业过程视角下信任对农民创业影响的理论逻辑框架，详细阐述信任对农民创业选择决策、农民创业机会识别、农民创业资源获取与农民创业绩效的影响机理。在梳理农民创业发展历程的基础上，本书采用中国家庭追踪调查 2012—2018 年全国农村地区的微观数据与课题组在浙江、安徽、河南、陕西等地收集的 890 份农民创业者专项调查数据，总结了农民创业者的主要特征，测度了农民创业者的信任水平。运用 Probit、Lewbel - IV 等模型实证检验了信任对农民创业选择决策的影响；运用链式多重中介（Serial Mediation）模型和层级回归法实证检验了信任对农民创业机会识别的直接影响，以及信任通过创业警觉性和外部知识获取对农民创业机会识别的间接影响；运用 Probit、IV - Probit 等模型实证分析了信任对农民创业资金获取、劳动力获取、信息资源获取的影响；运用有调节的中介（Moderated Mediation）模型和 Bootstrap 法检验了信任对农民创业绩效的直接效应、信任通过创业学习对农民创业绩效的中介效应以及创业环境在其中的调节效应。得出的研究结论主要包括以下五个方面。

第一，从中国家庭追踪调查的数据看，全国农民创业发生率约为8%，且存在显著的区域异质性，长江三角区和珠江三角区部分省份高于其他省份，因此须进一步缩小区域间差异，全面提升农民创业概率。从实地调研数据看，种植业为农民创业者的首选行业，其次是养殖业和生产性服务业。农民创业者识别的机会数量主要在3个以内，以量表得分衡量的农民创业机会识别能力处中等偏上水平，且在行业和区域间呈现异质性。创业资金方面，个人积蓄为农民创业资金的首要来源，其次是来自亲戚朋友的资助和借款，而将银行贷款作为资金来源的农民创业者占比较低。创业信息方面，农民创业者的主要信息来源渠道为家人亲戚和朋友熟人，选择政府等正规部门获取信息的样本占比较少。创业绩效方面，农民创业者群体纯收入的中位数约为12万元，超过未创业的普通农民群体。以量表得分衡量的农民创业绩效整体处于中等水平，且在分维度绩效间存在异质性，其中生存绩效＞个人绩效＞成长绩效。总体来看，农民创业大多处于存活阶段，创业绩效仍具有较大提升空间。信任水平方面，农民创业者的整体信任水平中等偏上，其中分维度的制度信任＞情感信任＞社会信任，且农民创业者的信任水平存在显著的区域异质性。

第二，信任显著提高了农民创业选择的概率，持"大多数人可以信任"态度的农民进入创业的概率比持"与人相处要越小心越好"态度的农民高出1个百分点，约为全国平均农民创业发生率的八分之一，具有显著的经济学意义。从信任的分维度看，以对邻居的信任程度来表征的情感信任显著促进了农民创业选择决策；以对陌生人的信任程度来表征的社会信任显著正向影响农民创业选择决策，且社会信任的边际效应量略大于情感信任；而以对地方官员信任程度来表征的制度信任显著负向影响了农民创业选择决策。此外，年龄、受教育水平、民族、家庭规模、家庭人口结构等变量也是影响农民创业选择的重要因素。具体而言，受教育水平、党员身份、汉族、理财投资经历对农民创业选择具有显著正向影响，而年龄、家庭老年人占比、家庭总收入对农民创业选择具有显著负向影响。

第三，信任对农民创业机会识别具有显著正向影响，即信任水平较高的农民创业者在创业机会识别方面更具优势。外部知识获取在信任与农民创业机会识别之间发挥部分中介作用，即农民创业者的信任可通过影响外部知识获取进而对创业机会识别产生作用。创业警觉性在信任与农民创业机会识别之间发挥部分中介作用，即信任水平越高的农民创业者，其创业警觉性越高，因而能更敏锐地识别出有前景的创业机会。外部知识获取与创业警觉性在信任对农民创业机会识别的影响中发挥链式中介作用，即农民创业者信任对创业机会识别的作用除创业警觉性和外部知识获取两条单独的中介路径外，还包括外部知识获取与创业警觉性的链式中介影响，从中介效应量大小看，创业警觉性的效应量大于外部知识获取的效应量大于链式中介的效应量。

第四，信任对农民创业资源获取具有显著正向影响。创业资金获取方面，信任可显著提高创业者通过亲戚朋友筹集资金的概率，其中，情感信任和制度信任均能促进创业者通过亲戚朋友获取创业资金，且情感信任的边际效应量大于制度信任，而社会信任的影响不显著。此外，信任对创业者通过社会关系获取创业资金与通过银行贷款获取创业资金的影响未通过显著性检验。创业劳动力获取方面，信任能显著促进创业劳动力资源的获取。其中，情感信任和社会信任对劳动力获取均产生显著正向影响，情感信任的边际效应量大于社会信任的效应量，但制度信任的影响不显著。创业信息资源获取方面，信任对创业信息资源获取具有显著正向影响。其中，情感信任和社会信任均正向促进创业信息获取，且情感信任的影响程度略大于社会信任，但制度信任对创业信息获取的影响未通过显著性检验。

第五，信任对农民创业绩效具有显著的正向影响，即农民创业者信任水平越高，创业绩效越好。分维度看，制度信任的正向作用大于情感信任大于社会信任。创业学习在信任与创业绩效之间起部分中介作用，信任通过提高农民创业者对信息和知识的接纳度，促进农民创业者开展创业学习，增强创业技能，进而提升创业绩效。其中，创业学习的中介效应量在情感信任对农民创业绩效的影响中最大，制度信任次之，社会信任最小。创业环境正向调节了创业学习在信任与创业绩效之间的中介作用，但创业环境对创业学习与创业绩效之间的调节效应未得到验证。此外，信任对农民创业绩效的促进作用不仅在创业领域、创业类型、创业者性别等方面存在异质性，还受到信任"差序格局"的影响。

CONTENTS **目　录**

第一章 导 论

一、研究背景

创业是经济增长的强大引擎，也是社会健康和财富的重要驱动力。当前中国正处于经济结构转型与高质量发展阶段，要素驱动、投资驱动转向创新驱动成为现阶段经济发展的显著特征。作为创新驱动的主要载体，"大众创业"活动正在经历从城市到农村、从精英到草根，创业范围涉及领域之广、参与主体之多、发展速度之快，大大超乎预期，逐渐转化成一场影响深远的变革。农民创业作为中国创业浪潮中一支极具上升潜力的力量，是城乡融合发展的实现路径，是推进乡村振兴战略的重要动能。为此，2015年以来，国家出台多项农民创业支持政策，以期优化创业环境、激发创业热情、降低创业门槛、缓解创业资源约束，助力农民创业高质量发展。政府支持无疑为农民创业带来强劲外生推力并取得了显著成效。农业农村部最新统计，截至2019年年底，全国已有9.3万家农业产业化龙头企业，1万多个各类乡村产业园，新建设298个农业产业强镇；各地因地制宜发展乡土特色产业，涌现出2 851个全国"一村一品"示范村镇；各类返乡入乡创新创业人员累计超过850万人，本乡创新创业人员达3 100多万，创办的实体87%在乡镇以下。虽然取得了令人瞩目的成绩，但仍存在不少短板和问题，如农民创业总量较小、创业效益偏低、创业失败率较高等。已有研究发现农民创业伴随的高风险和不确定性一直是抑制创业决策、制约创业发展的关键因素。因此，降低农民创业不确定性、增强风险抵御能力，不断营造可信赖的营商环境，是激发农民创业活力，促进创业企业存活，助推中国经济高质量发展的必然路径。

农民创业中的风险和不确定性主要源于两个方面。一方面来自国家宏观环境，当前中国仍处于计划经济向市场经济转轨的特殊阶段，社会主义市场经济体制改革不断深化，此时的制度环境复杂多变，主要表现为基于市场经济体系的正式规制尚未完全确立，政府和市场的关系还未完全理顺，法律和金融环境对经济行为的保护仍存在较大空白。另一方面来自农村微观环境，首先，为盘活农村闲置资源，加快市场化改革，农村地区正在经历多项产权制度改革，改革期的动荡本身包含诸多不确定性。其次，城镇化建设过程中打破了农村地区以家族为最小单位的格局，使得传统中国的关系取向型"熟人社会"向快速流动的"生人社会"转变，引致大量不确定性。最后，由于农民自身受教育水平较低，信息获取渠道较少，小农户与大市场之间存在不可逾越的"数字鸿沟"，加剧了农民创业的不确定性。制度基础观指出，正式制度是解决不确定性的最佳方案，但转型经济体和农民创业双重背景下正式制度严重缺位，因此，几千年传统文化和价值观念形成的非正式制度将发挥重要补充替代作用。

信任，作为非正式制度的重要组成部分，是良好人际关系的"粘合剂"，是国家高效运行的"润滑剂"，是社会和谐进步的"助推剂"，不仅可以有效降低不确定性，还能促成合作、提高协作效率。Arrow（1974）曾明确指出信任是社会系统的润滑剂，每一笔商业交易的背后都离不开信任元素。就理论而言，信任是一方对另一方的积极预期。持该心态的个体更愿意相信他人，也更愿意与不同群体进行交流，通过这种积极的互动关系，可降低合作双方契约的谈判成本、缩减监督成本，从而提高合作效率。鉴于上述积极作用，信任已获多个学科学者的广泛关注，但针对农民创业领域的研究还未得到足够重视。

值得注意的是，信任虽在降低不确定性、促进合作等方面发挥重要作用，但整体上却呈现出逐年衰落的趋势，有研究称之为"信任危机"。该危机的可能成因包括以下几方面：首先，随着市场化进程的推进，市场的动力属性在激励个体追逐利益、激活创收增富热情的同时，也放大了以追求利益、理性计算为核心的经济人观念，破坏了对人性的积极预期，导致信任水平逐渐降低。其次，传统中国的信任在很大程度上依赖熟人关系，社会的不断原子化打破了原有的家族和社群结构，使人们回到了越来越匿名的小家庭及亲密网络中，致使更大范围的社会信任不断降低，表现为频发的冷漠、不文明、敲诈勒索等社会现象。以亲缘、血缘、地缘关系为核心的农村地区信任文化在此过程中受到了更大冲击，有研究数据发现2002年及2003年农村居民比城镇居民拥有更高信任水平，随后差距不断缩小，截至2007年两者差距完全消失，最新的调查数据显示2012—2018年间农村居民的信任水平已显著低于城镇居民。

那么，现阶段社会"信任危机"背景下，信任是否还能降低不确定性提升农民创业选择的概率？对于正在创业的农民创业者，信任能否促进其更好地识别机会、获取资源与获得绩效？不同类型的信任对农民创业行为的影响方向及程度如何？回答这些问题不仅可以解决农民创业发生率较小、创业成功率较低的现实问题，还能从理论上回应正式制度缺失背景下，非正式制度能否以及如何在促进创业中发挥重要作用。

鉴于此，本书将在创业过程理论、创业选择理论、机会识别理论、知识基础观、资源基础观等多维理论体系的指导下，基于信任视角，以农民创业者为主要研究对象，遵循"信任—缓解不确定性—促进合作—农民创业行为"的逻辑链条，深入探究信任对农民创业各行为过程的作用机理，试图解决正式制度缺位时农民创业总量较小、创业效益偏低、创业失败率较高等现实问题，以期为促进农民创业选择决策、增强农民创业绩效、推进社会主义核心价值观和乡村诚信文化建设提供理论和实践参考。

二、研究目的与意义

（一）研究目的

本书基于农民创业过程中面临的高风险性和不确定性，借鉴创业过程理论、机会识别理论、资源基础观等理论，从农民创业者的信任出发，构建创业过程视角下信任影响农民创业行为的逻辑分析框架，在此基础上实证检验信任对创业各行为阶段的影响程度及作用路径，以期为带动农民创新创业、促进农民增收致富提供具有参考价值的研究成果。具体目标如下：

（1）拓展农民创业行为的分析框架，总结农民创业各阶段行为的典型特征；系统分析信任的内涵和特征，从情感信任、制度信任、社会信任三维视角构建信任评价指标体系，对农民创业者的信任水平进行科学评价。

（2）在信任和农民创业概念分析的基础上，构建创业过程视角下信任对农民创业影响的理论逻辑体系，详细阐述信任对农民创业选择决策、农民创业机会识别、农民创业资源获取与农民创业绩效的影响机理。

（3）设计抽样方案，获取微观调查数据，运用计量经济学模型依次实证检验信任对农民创业选择决策、农民创业机会识别、农民创业资源获取及农民创业绩效的影响。

（4）根据理论分析框架和实证检验结果，以提高农民创业发生率、增强农民创业机会识别、促进创业资源获取及提升创业绩效为核心目标，探索全面提升乡村地区信任水平，提高农民创业质量和层次的公共政策导入模式和干预机制。

（二）研究意义

围绕如何基于信任缓解创业过程中的风险和不确定性，提高农民创业发生率与创业绩效这一关键问题，借鉴已有文献和理论基础，从情感信任、制度信任、社会信任三个维度设计农民创业者信任的评价指标体系，运用规范分析和实证检验相结合的方法，梳理农民创业行为的典型特征和规律，基于过程视角将农民创业行为分解成农民创业选择决策、农民创业机会识别、农民创业资源获取与农民创业绩效，分析信任对农民创业各阶段行为结果的影响，具有重要的理论意义和现实参考价值。

1. 理论意义

（1）按照"信任—不确定性—创业"的分析思路，将信任的影响效应延伸至农民创业行为研究，凸显信任在缓解不确定性和降低风险等方面的重要作用，既推动了信任相关理论的发展，也拓宽了农民创业行为的前因研究。

（2）基于"三分建构"原理，将农民创业者信任细分为情感信任、制度信任、社会信任，拓宽了信任理论的适用情境。根据各维度信任的内涵和属性设计综合测度指标，为信任相关实证研究提供了新的借鉴。

（3）基于创业过程视角，实证研究了信任对农民创业选择决策、农民创业机会识别、农民创业资源获取与农民创业绩效的影响，剖析农民创业各阶段的行为逻辑，形成对创业过程理论的有益补充。

2. 现实意义

（1）通过剖析乡村地区农民信任的特征、水平以及不同维度信任的异质性影响，为加强乡村诚信文化建设、社会主义核心价值观宣传以及市场诚信体系设计提供实践参考。

（2）通过对农民创业行为进行阶段划分，分析探究信任对农民创业选择决策、农民创业机会识别、农民创业资源获取与农民创业绩效的影响效应和路径，为精准设计农民创业培育和支持政策提供现实依据。

三、国内外研究述评

（一）信任及相关研究

1. 信任的概念与分类研究

（1）信任概念的研究。信任作为一个跨学科概念，在社会学、心理学、管理学、经济学等学科中均得到了广泛讨论。但已有研究关于信任的定义尚未达成共识，争论仍在继续，概括而言可大致分为两种观点。

第一种是行为意向观。持此种观点的代表学者为 Roger C·Mayer 等。主要从心理学的角度将信任理解成一种预期、一种信念。例如 Mayer 等（1995）将信任定义为："一方当事人自愿受到另一方行为影响的意愿，这种意愿来源于无论另一方能力如何，都将采取有利于当事人的积极期望。"中国信任问题的早期学者郑也夫也指出"信任是一种态度，相信某人的行为或周围的秩序符合自己的愿望"（郑也夫，1999）。从上述定义可知，信任是一种个人的主观意向，是一种对信任客体未来行为的积极愿望。而这种个人主观上的"性格"属性，一部分来源于基因遗传，另一部分则来源于成长过程中社会文化环境的改造，具体而言，Kosfeld 等（2005）发表在 *Nature* 上的研究提出催产素对提高人类的信任具有重要作用，而生成催产素的基因可通过遗传的方式传递给子代，实现信任的传递。除基因的"硬核"遗传方式外，信任的形成更多来源于个体孩童时期对于文化规范的模仿与学习（Mayr，1988），通过模仿父母在社会规范中的表现和行为逐渐养成信任的主观态度。

第二种是理性选择观。持此种观点的学者以 James S·Coleman 和 Russell Hardin 为代表。理性选择源于经济学家的早期观点，认为追求利益最大化是人的本能，每个个体均具有理性计算的能力。因此，理性选择观下的信任可定义为综合各种条件下的理性人计算，通过比较信任的成本与收益以及可能面临的风险情况做出信任且合作或不信任且不合作的决策。Coleman（1990）将信任视为一种完全理性化的交换行为。Hardin（2006）则将信任称为"封装的利益"，即"若要我们信任某人，我们必须相信他对我们的动机是为了我们的利益服务"，将利益封装在对方的利益中，以此来判定是否信任。新制度经济学家 Williamson（1993）也表示支持理性计算型信任，他认为信任的前提假设是他人会利用机会主义"以诡计谋求自身利益"，每个人都在试图增加以货币回报来衡量的效用函数。从上面的论述可知，理性选择观下的信任需要依托丰富的信息与知识、强大的风险评估能力以及成本收益的精准衡量，才能进行科学理性的判断。

（2）关于信任分类的研究。归纳已有研究可以发现信任的划分方式有两类："二分建构"与"三分建构"。具体来说，信任的"二分建构"因其逻辑关系简洁且通俗易懂，在研究中被广泛使用。例如个人信任和系统信任（Luhmann，1979）、普通信任与特殊信任（李伟民和梁玉成，2002）、认知信任与情感信任（韦慧民和龙立荣，2009）、关系信任和计算信任（Poppo et al.，2016）等，此两种信任之间大多为对立关系。信任的"三分建构"划分法与"二分建构"的本质区别并不在于数量，而在于各自不同的理论预设。"二分建构"着重强调概念间的排斥不相容，"三分建构"则强调了子维度之间的相互促进协调共处。例如特殊信任、一般信任和政治信任（Newton and Zmerli，2011），个人信任、集体信任和制度信任（Welter，2012），郭慧云等（2012）将信任三分为情感信任、制度信任和社会信任，并详细论述了三者的相互作用关系：情感信任为始源性基础，制度信任是情感信任的安全保障，情感信任与制度信任的螺旋上升促进社会信任，社会信任最终又反过来影响情感信任与制度信任。

2. 信任测量的相关研究

已有实证研究中关于信任的测量方法主要有两种：基于信任实验的测量、基于问卷题项的测量。

（1）基于信任实验的测量。信任的实验测量方法主要是基于 Berg 等

（1995）提出的"信任博弈游戏"，该种测量方法常常出现在经济学和心理学研究中。在这个信任游戏中，信任方被赋予一定数额的金钱 Y，然后信任方可以赠予被信任方金钱 S，其中 $S\in[0,Y]$，该数额将被放大 3 倍赠予被信任方，作为回报被信任方可以选择返回一定金额 R，其中 $R\in[0,3S]$。因此信任方的最终金额是 $Y-S+R$，被信任方最终的金额是 $3S-R$。信任方赠予被信任方的数额 S 通常被作为信任的衡量标准。值得注意的是，如果双方都是理性自利的经济人，按照博弈纳什均衡的观点，信任方的赠予金额 S 将为零，被信任方的返回金额 R 也为零。该游戏可设置成一次性也可以是重复多次。基于信任实验的测量确实可以使研究人员能够在严格控制的实验条件下研究感兴趣的关系，也可以减少内生性等出现在调查研究中的问题。但同时信任实验也面临很多问题，首先，信任实验的外部有效性可能会受到研究主体中被试样本自我选择的影响，多数信任实验以学生为研究对象，存在一定的有效性范围。例如 Holm 和 Danielson（2005）使用坦桑尼亚和瑞典的学生复制了之前用于哈佛大学学生的信任实验，研究结果发现哈佛大学学生的实验结果只部分适用于坦桑尼亚的学生群体，而不适用于瑞典学生群体。其次，信任实验的参与者通常是一些非代表性群体的志愿者，若这些志愿者与所代表的群体具有系统性的差异，那么得到的实验结果将不能用来推断总体。利用信任实验的研究起源于西方国家，最近中国也陆续有研究者采用该方式（窦凯等，2018；杨晓兰等，2020）。

（2）基于问卷调查的测量。基于调查的信任测量通过询问受访者固定的问题，如"一般来说，您认为大多数人是可以信任的，还是与人打交道时您会小心谨慎"。该问题已经被用于美国一般社会调查（GSS）、全球世界观价值调查（WVS）、欧洲社会调查（ESS）、中国社会综合调查（CGSS）等大范围调查中。对于该问题的回答，要么被记录成二元选择变量（GSS 和 WVS），要么被记录成 11 点的 Likert 量表（ESS）。基于问题的信任测度方法的有效性也经常受到质疑，首先，该问题测量的其实是对自己定义"道德共同体"成员的信任程度，而各个受访者和不同受访者群体对道德共同体理解的包容性和排他性有所不同，可能会导致测量出现偏差。其次，多数研究认为在这个世界上也许没有人会在任何事情上相信任何人，因此信任的测量应该结合具体的情境和具体的对象。尽管基于问卷的调查工具存在一些风险，但对于总体而言，这些测量误差可能由于是随机产生而被相互抵消，因此，问卷调查法依然是非常有效且具有较高可行性与科学性的测度方法（Nannestad，2008）。

3. 信任的前因变量研究

已有文献针对信任的形成机制和前因变量已经进行了大量讨论，可概括为宏观和微观两个视角。

（1）宏观视角的研究认为信任来源于制度、文化、市场等。一些研究认为信任源于制度。制度学派认为有些制度有利于信任的形成，可具体到制度的法制维度、民主维度和福利维度。在法制健全的制度中，失信的成本较高，人与人之间的信任将更容易形成。张维迎（2002）研究证实了法律制度和产权制度是信任形成的基础。在民主程度较高的制度中，公民可以通过多种渠道表达政策诉求与不满，通过各种监督实现政府的公平性、透明性和稳定性，从而增强公民的信心和信任感（马得勇，2007）。在福利水平较好的制度中，公民享有很好的生活保障系统，相对易损性较低，因此更愿意冒险信任别人（王绍光和刘欣，2002）。还有一些研究认为信任来源于文化。信任是社会文化密码的一部分，像基因一样内化于某个群体或社会中以神秘的方式世代相传。Fukuyama（1995）也指出文化规范是信任建立的基石，他通过比较世界各个国家发现，中国、意大利南部等地区以家庭文化为主，更注重亲缘关系，在此背景下的社会信任水平较低。德国、日本、美国则以中间组织为社会基本单元，处在一种自发性的社交文化中，表现出较高的社会信任水平。丁从明等（2018）基于中国的微观调查数据发现南方水稻区种植文化逐渐形成了半径较小的亲友近邻信任模式，北方小麦区种植文化形成了跨越地缘的一般信任模式。此外，儒家文化、方言文化也对社会信任产生显著影响（黄玖立和刘畅，2017；陈颐，2017）。最近一些研究证实了市场化和网络化对信任的影响。信任是镶嵌于社会结构中的协调机制，以市场化改革为基础的社会变迁将对信任产生深远影响。胡洁（2020）基于中国综合社会调查的数据研究发现市场化程度显著提高了社会一般信任水平。池上新（2015）通过对比居民对政府信任的东中西区域差异表明，市场化程度高的地方，居民对政府的信任水平反而较低。随着互联网技术的发展，人们社交互动的方式与结构发生显著变化，也将对信任格局产生影响。王伟同和周佳音（2019）采用中国综合社会调查的数据研究表明互联网对信任存在多面影响，一方面互联网通过改善人际关系促进社会信任；另一方面互联网通过社会公平认知削弱了社会信任。

（2）微观视角的研究认为信任来源于个人特质、经历、社会网络等。一些研究认为个人特质决定了信任。Uslaner（2000）基于社会心理学理论认为信任是基于两个核心人格特质：乐观和控制生活的能力，乐观可以促进形成普遍信任。反之，负面情绪也可通过影响人们对当前状态的不确定性进而对信任产生抑制作用（Myers and Tingley，2016）。人格理论也指出不信任更容易出现在受教育水平低、收入低、地位低以及对生活表示不满的群体中。另一些研究认为个人经历会影响信任。Schwerter 和 Zimmermann（2019）通过设计实验研究发现，与拥有消极个人经历的参与者相比，获得积极个人经历的受试者产生信任的意愿要高很多，深入研究发现非标准信念模式（Non‐standard belief pattern）是潜在的驱动力因素。Uslaner（2000）研究表明那些经历过犯罪和暴力事件的受害者往往表现出不信任。麻宝斌和马永强（2019）进一步佐证了民众不公平的经历将对政府信任产生抑制作用。此外，还有些研究认为社会网络会影响信任。Alberti 等（2020）基于实验室实验研究发现社会交往会显著促进信任的建立和传递。Hilger 和 Nordman（2020）采用南印度农村的调研数据分析发现，社会网络在信任的建立过程中具有显著作用，其中社会互动对男性之间的信任以及跨种姓的信任具有显著影响。

4. 信任的结果变量研究

Arrow 曾指出信任是社会系统的润滑剂（Arrow，1974），每一笔商业交易的背后都离不开信任元素，世界上的经济落后现象在很大程度上都可以用缺乏信任来解释（Arrow，1972）。已有文献主要在社会国家层面、组织企业层面、微观个体层面对信任的影响结果展开讨论。

（1）信任对社会经济增长具有正向促进作用（Zak and Knack，2001；Berggren et al.，2008；曾燕萍，2019）。Fukuyama（1995）甚至指出社会经济成功的 80% 由国家制度和市场机制来决定，另外 20% 可以由信任来解释。具体来说，信任可以通过减少交易成本（Dyer and Chu，2003），填补正式制度空隙（Fiedler et al.，2016），完善不完全契约（吕朝凤等，

2019），增强财产权利（Ahmad and Hall，2017）等方式提升经济效率（Berg et al.，1995），促进经济发展。

（2）在企业组织层面，信任对组织绩效具有显著正向影响（De Jong et al.，2016；苏涛等，2017；孔海东等，2020）。投资融资方面，对于创业企业来说，信任可以帮助企业获得天使投资（Ding et al.，2015），促进创业融资（Pollack et al.，2017）以及外部爱心资金的获取（李新春等，2015）。知识管理方面，信任可以促进组织内部的知识转移（Massaro et al.，2019），减少知识隐藏行为（王鹏等，2019），从而提升组织或企业的知识获取（李自杰等，2010）。内部合作方面，信任可以提升企业内部团队的凝聚力，降低员工的离职倾向（张广琦等，2016），增强团队的共同信念从而加强内部合作（Kim et al.，2019），从而对工作绩效具有正向影响（Addison and Teixeira，2019）。

（3）信任促进提高个体层面的福利（Algan et al.，2016）。主要表现为：信任可以促进夫妻之间的互惠行为（Castilla，2015），提升个体的生活满意度（Crowley and Walsh，2018）（Crowley and Walsh，2018），增进创业者的幸福感（Su et al.，2020），甚至可以提高居民的心理健康水平（张文宏和于宜民，2020）。

（二）农民创业及相关研究

1. 农民创业内涵的相关研究

早期的研究中，农民创业仅仅作为一种独特情境被纳入创业的分析框架，随着农民创业文献的增多及其概念内涵的日渐清晰，农民创业研究逐渐发展为创业的子研究领域。

西方学者对农民创业的讨论较早，他们根据创业的地域属性，将创业分为城市创业和农村创业两种。Wortman Jr（1990）最早指出农村创业是"基于农村环境背景创建新企业以采用新技术、发掘新市场、生产新产品或提供新服务"。随后，Kalantaridis 和 Bika（2006）定义农村创业为发生在乡村地区（具有广阔的空间以及稀少的人口）的所有创业活动。最近的一些研究将农村创业看成农村地区小企业的建立（Vaillant and Lafuente，2007；Lafuente et al.，2007）以及农村地区小微企业的发展（Meccheri and Pelloni，2006；Dinis，2006）。Henry 和 McElwee（2014）定义农村创业为"位于农村地区，雇用他人在特定场所，从事与价值增加有关的商业活动"。Korsgaard 等（2015）对农村创业和创业在农村进行了深入的对比分析，他们认为创业在农村仅仅是空间位置在农村地区，创业活动并没有很好地嵌入到当地，对当地经济发展的影响也很小，而农村创业是将创业活动嵌入到当地的环境中，并利用当地的资源，为当地发展作出贡献。从上述概念界定中可知，西方学者比较注重农村创业环境的嵌入。

中国的学者更加关注创业者本身的特征和身份属性，普遍采用"农民创业"等词语（孙红霞等，2010）。代表性的定义包括：郭红东和丁高洁（2013）定义农民创业为"农民以个人、家庭、由血缘关系形成的非正式组织以及专业合作社等新型组织为载体，通过投入一定的生产资本，依托农村资源，通过扩大原有生产规模或者从事新的生产活动，开展一项新的事业，以实现财富增加并谋求自身发展的过程"。朱红根和康兰媛（2013）将农民创业定义为"农民通过从事特色种植养殖业、加工业、小型工矿采掘和加工冶炼、餐饮服务业、运输业、经商业、农村旅游业以及创办合作组织或协会以实现致富"。在这些定义中，农民是一种职业，也是一种身份。随着研究的深入，学者们逐渐意识到农民创业有别于其他创业群体的本质特征是农村的社区环境（杨婵等，2017）。因此，应该将农民的外延扩大至农村地区居民。如罗明忠和陈明（2014）将农民创业定义为农村地区居民从事个体工商经营活动、创办新企业、开展规模或特色种植养殖业及加工业等实现价值创造的过程。由此可见，中国的学者经历了由早期侧重创业者身份因素到关注创业情境因素，并逐渐与国际研究接轨的转变。

值得注意的是，既然农民创业具有典型的农村社区属性，那么农民创业活动理应对当地的经济发展有所贡献（Labrianidis，2006），直接或间接地使用当地提供的服务和劳动力，促进当地收入的增加。因此，农民创业活动不应该包括那些仅仅坐落在乡村地区，不在乡村内部贸易，不雇用当地人员或使用当地资源和商业服务，也对当地经济没有贡献的商业活动（McElwee and Smith，2014）。在此基础上，学者们进一步将"农民创业者"界定为生活在乡村环境中（Stathopoulou et al.，2004），被所在乡村地域的社会网络和社会特质所广泛影响的创业者（Akgün et al.，2011）。

2. 农民创业决策的影响因素研究

已有文献主要从个人因素、家庭因素与外部环境因素三方面分析农民创业决策的影响因素。个人因素包括人格特质、心理感知特质、金融素养、认知能力与非认知能力等。柴时军和郑云（2019）基于中国家庭追踪调查的数据研究表明人格特质对农民选择决策具有显著影响，其中人格中的开放性和外倾性显著促进了农户创业选择，而顺同性对农户创业具有抑制作用。Arenius 和 Minniti（2005）研究表明风险态度、对失败的恐惧等心理感知变量会影响创业决策，个体对失败的恐惧是抑制创业决策的一个重要心理因素。苏岚岚和孔荣（2019）采用陕西省农户调查数据研究发现农民个人的金融素养对创业概率具有显著正向影响。曹瓅和罗剑朝（2019）基于中国东西部农户的调查数据进一步论证了个体金融素养可以通过促进农户创业融资意愿，从而影响农户的创业选择。还有学者从个体的认知能力与非认知能力方面分析了对创业的影响（朱志胜，2019；李涛等，2017）。

家庭因素主要包含家庭基本特征、家庭财富情况、父母创业情况等。莫媛等（2018）通过江苏省农户调研数据分析发现家庭人口学特征对创业选择具有显著影响，家庭劳动力数量、家庭固定资产、家庭融资额度等对创业具有促进作用，人口负担率与创业概率的关系呈倒 U 形。王菁和张锐（2017）研究也发现家庭的子女个数显著促进了创业选择。杨怀佳和张波（2019）基于中国家庭金融调查的数据分析发现家庭财富情况与家庭储蓄率在创业选择决策时起到重要作用。Malecki（2018）研究发现创业精神可能具有家庭的代际传递特征，创业者的孩子在很大概率上也是创业者。Xiao 和 Wu（2020）基于中国微观调研数据发现在农村地区，下一代为女孩的个体更有可能选择创业，主要是因为传统文化影响下赡养老人的责任主要由儿子承担。如果是女孩，个体更倾向于通过创业提高个体收入。外部环境因素主要包括政府规制、基础设施、金融支持等。朱红根和葛继红（2018）采用农业龙头企业的数据分析指出政府的激励规制对绿色创业具有显著作用。陈习定等（2018）基于中国健康与养老的调查数据研究表明基础设施是农户创业决策的重要决定因素，通信、交通与公共卫生等设施显著促进农户创业，其中通信基础设施的促进作用最大。刘新智等（2017）基于中国家庭追踪调查的数据指出区域的金融支持对农户创业决策具有异质性影响，东部发达区域的正规和非正规金融支持对创业具有显著的促进作用，但中西部欠发达地区的金融支持则不能产生有效作用。Lans 等（2017）通过对农业创业进行系统分析后发现农场环境是农业创业的一个重要因素，比如便利的地理位置、与中心市场的距离、发达的支持网络都能显著增加创业机会，促进创业活动。

3. 农民创业机会识别的影响研究

已有研究主要从先验知识、创业警觉性、社会网络等方面探讨创业机会识别的前因变量（Short et al.，2009；张红和葛宝山，2014）。相关文献早期主要聚焦城市地区创业，随后研究对象逐渐扩展至农村地区创业。首先，创业机会作为一种未被发现的信息，向前经验和先验知识可以帮助创业者识别并发现该类信息。Shane（2000）借鉴奥地利经济学派的理论观点，认为创业机会来源于社会中普遍存在的不对称信息，并运用案例研究方法分析表明创业者的先验知识可以在很大程度上预测创业机会识别，而知识的分布规律决定了谁能先发现创业机会。Shepherd 和 DeTienne（2005）研究表明对客户需求问题的先验知识能直接影响创业机会数量。其次，创业机会作为一种隐藏在市场中的信息，需要具有高度警觉性的潜在创业者才能发现。Ardichvili 等（2003）通过综述大量机会识别文献指出创业警觉性是创业机会识别中重要的影响因素。而创业警觉性主要由个人的心理特质、先验知识等因素决定。Valliere（2013）借鉴图式理论的观点认为创业者的警觉性是一种独特图式的应用，这种图式可以使创业者发现并识别出其他管理者未发现的环境变化的含义，从而识别出创业机会。最后，除自身警觉性和先验知识经验外，个体所处社会网络也会对创业机会识别起推动作用。Shu 等（2018）通过构建创业网络能力模型探讨社会网络与机会发现识别之间的关系，该网络模型具有四维结构，包括网络定位、网络构建、网络维护与网络协调，基于 212 名中国创业者的调研样本研究表明创业网络能力与创业机会识别具有正相关关系。陈文沛（2016）采用 178 家中国创业企业的数据分析指出创业者的关系网络不仅对创业机会识别具有显著的促进作用，还可以通过增强经验学习、认知学习与实践学习从而对创业机会识别产生间接影响。

聚焦农民创业领域。蒋剑勇等（2014）通过全国 17 个省市 968 份调研问卷数据研究表明农民的向前经验（如工作经验和创业经验）对识别创业的概率具有提升作用；农民周边的创业榜样也会对农民识别创业机会具有促进作用。郑可和卢毅（2018）从宏观角度入手基于 2005—2014 年 31 个省份的省级面板数据分析发现第三产业占比与创业活跃度对农民创业机会识别具有正向影响。杨学儒等（2019）通过分析乡村地区休闲观光的创业机会识别发现，网络的规模、资源以及宗族网络可以显著促进此类机会的识别与发现，而基础设施特别是交通基础设施减轻了休闲观光型创业机会识别对关系网络的依赖。最新的一些研究还发现互联网这种新型技术通过缩短农民与信息之间的距离，减少信息的获取成本从而促进农民创业机会识别（庄晋财和李丹，2018）。

4. 农民创业资源获取的影响研究

已有文献主要从特质视角、信息视角、知识视角来探讨创业资源获取的决定因素。创业者的个人特质如先前经验、从业经历对当前创业资源获取起重要作用。例如王兵等（2018）基于 2011—2015 年中国 A 股上市公司的数据表明创业者的从政经历对企业获取与政府相关的资源具有显著正向影响，其作用机制主要是通过公务员特质与政商关系两种路径来实现。买忆媛和徐承志（2012）结合资源基础观和知识转移理论采用典型案例的分析方法研究表明创业者的先前工作经验能显著促进创业资源的获取与整合。王旭和朱秀梅（2010）基于 371 家科技型创业企业的调查样本研究表明创业者的创业动机对创业资源获取和整合具有显著影响，主动型的创业者倾向于采用技术驱动型的资源获取和整合方法，而被动型的创业者更偏好于资金驱动型的资源获取和整合模式。从知识的视角来看，Zhang 等（2010）拓展了先验知识的概念，分析发现先验知识对创业资源获取具有普遍正向影响，先验知识能够使创业者最大限度地利用已有资源，也可以缓解资源所有者对创业者资源利用能力的顾虑，从而吸引到更多的资源。随着社会进入信息时代，互联网普及为农民创业带来新的机遇。李珊珊和徐向艺（2019）通过研究小微企业创新表明"互联网＋"营造的创业环境可以显著提升小微企业的资源获取能力，从而解决传统的资源稀缺问题。

关于农民创业资源获取前因变量的针对性研究相对较少。主要集中在关系网络、社会资本等方面，例如庄晋财等（2014）通过构建"网络嵌入—创业资源"的理论分析框架，采用安徽、江苏、江西 3 省的农民工创业样本研究表明双重网络嵌入（产业网络和社会网络）可以显著促进农民创业中知识资源与运营资源的获取。蒋剑勇等（2013）基于全国 17 省 400 份农民创业者样本不仅再次论证了社会网络对农民创业资源获取的正向促进作用，同时还指出社会技能也是农民创业资源获取的重要影响因素。杨孝良和王崇举（2019）采用三峡库区移民创业的调查数据分析表明农民的社会资本可以帮助其在创业初期获取所需资源。

5. 农民创业绩效的影响研究

已有文献对农民创业绩效已经进行了较为广泛的讨论，主要可概括为个人层面因素、家庭层面因素、环境层面因素。

首先，就个人层面来说，Zhao 等（2010）通过综述已有文献提出人格特质与创业绩效具有显著正相关关系，研究中多以"五大人格"表征人格特质，内容包括：责任心、开放性、情绪稳定性、外倾性和随和性。随后有研究探讨了农民创业者个人特质对创业绩效的影响，结果显示外倾性、责任心和情绪稳定性显著正向影响农民创业绩效（罗明忠和陈明，2015）。创业能力作为农民在创业过程中必备的素质或技能总和，对创业绩效的提升具有积极作用（苏岚岚等，2016；易朝辉等，2018），其中网络能力（芮正云和庄晋财，2014）、学习能力（芮正云和史清华，2018）可以显著促进农民创业绩效。此外，农民创业者的三大资本也可以显著提升其创业绩效，主要涵盖人力资本（赵德昭，2016）、社会资本（Lang and Fink，2019；Hrytsaien-ko，2019）、心理资本（马红玉和王转弟，2018）等。

其次，家庭因素层面。基于血缘关系的家庭嵌入能促进创业者从家庭关系网络上获取知识、技能等资源，从而增强农民创业绩效（李后建和刘维维，2018）。于晓宇等（2018）运用案例研究发现家庭嵌入与农民创业绩效提升呈倒 U 形关系，即适度嵌入更有利于创业绩效的提升。农民创业具有规模小、方式灵活等特点，早期的资金主要来源于家庭已有资本。因此，家庭拥有的资本和面临的信贷约束直接影响创业的规模和绩效（Liu，2011）。一方面，家庭资本禀赋对农民创业绩效具有正向促进作用（朱红根和康兰媛，2016）；另一方面，家庭的信贷约束对农民创业绩效具有消极影响（李长生和黄季焜，2020）。

再次，外部环境因素层面。创业环境作为创业过程中影响企业创建和成长的一系列外部条件集合，对农民创业绩效具有显著影响。朱红根等（2015）基于江西省的农民创业调研数据研究表明外部经济环境对农民创业绩效具有正向影响，科技文化环境对农民创业绩效具有消极作用，而政策支持环境、金融服务环境对创业绩效的影响不显著。刘畅等（2015）基于东北地区的农村创业调研数据指出农民创业绩效受到创业环境的显著影响。此外，除外部环境的直接作用外，创业者对外部环境的理解和吸收能力也会影响农民创业绩效（Gellynck et al.，2015）。

最后，还有一些研究指出创业过程中的要素会对农民创业绩效产生影响。Seuneke 等（2013）基于创业学习理论及荷兰 6 个农场的案例研究表明农民创业过程中的创业学习对创业绩效起决定作用，而促进农民创业者学习的 3 个要素分别是：创业认同感的再发展、农业界限的跨越和家庭农场的开放。Wu 等（2019）采用中国浙江省的农民创业者样本研究表明创业机会识别的类型能显著影响农民创业绩效，通过自我识别出的机会与农民创业绩效正相关，而通过社会网络或政府关系识别出的机会对创业绩效无显著影响。

（三）信任对农民创业的影响研究

在发展中国家或转型经济体中，通常以正式制度的不发达为基本特征，这种"制度空隙"会形成不稳定的创业环境，从而使创业者面临更多不确定性和风险，而信任作为一种非正式制度嵌入创业情境中，能对正式制度起到很好的补充作用（Puffer et al.，2010）。

1. 信任对创业选择决策的影响研究

已有文献中关于信任对创业选择的关系讨论主要分为两类。第一类是间接影响，有学者将信任作为社会资本的重要组成部分，探究对创业的影响（Anderson and Jack，2002）；还有部分学者将信任当作社会网络的一种代理，分析其与创业者决策的关系（Brunetto and Farr Wharton，2007）。第二类是直接作用。既有研究中关于信任对创业选择决策直接影响的文献较少，且尚未达成一致意见。具体来说，Guiso 等（2006）采用美国的综合社会调查（GSS）数据研究表明信任与创业为显著的正相关关系。随后，有学者采用印度尼西亚的微观数据研究发现，无论采用个人层面的信任水平还是社区层面的信任水平，在发展中国家信任对创业决策没有显著影响（Sohn and Kwon，2018）。为了进一步探究信任与创业的关系，Kwon 和 Sohn（2019）基于世界价值观调查（WVS）100 多个国家的微观数据，探究信任、不信任与缺乏信任三种信任状态对创业者的异质影响，研究发现高信任水平能促进个体的创业选择，而缺乏信任与个人的工资受雇行为正相关。聚焦中国情境，周广肃等（2015）基于中国家庭追踪调查 2012 年的截面数据系统分析人际信任对家庭创业选择的影响，分析发现持信任态度的个体会增加其家庭创业的概率 2.3 个百分点。基于同样的微观调查数据，Dou 等（2019）研究发现，政府信任在市场经济较为发达的地区对创业选择具有正向影响，而在其他地区抑制了创业活动。

2. 信任对创业机会识别的影响研究

已有文献中关于信任与创业机会识别的关系研究较少，多数间接涉及信任的讨论包括在关系网络和社会资本的研究中。举例来说，Bhagavatula 等（2010）在分析社会资本对创业机会识别的作用中间接地分析了信任的影响。Ma 等（2011）采用中国台湾和美国的数据研究发现信任促进形成了强联系和社会网络，而社会网络与创业机会识别具有正相关关系。Bergh 等（2011）运用案例研究方法探究关系网络如何通过学习影响创业机会识别，研究表明信任显著促进了网络成员之间的学习交流，进而增强创业机会识别。Ren 等（2016）通过构建网络与创业机会识别的分析框架，并采用中国创业者的数据实证分析发现，信任不仅正向调节了网络与创业机会识别的关系，还在其中发挥积极的中介作用。聚焦到农民创业领域，有学者在分析关系网络对农民创业机会识别的关系时，将信任作为关系网络的一个重要维度进行衡量（蒋剑勇等，2014），还有部分研究指出信任有利于农民工形成"强连带网络"，进而降低创业机会识别信息的获取成本（杨学儒和邹宝玲，2018）。

3. 信任对创业资源获取的影响研究

首先，创业资金获取方面，在创业的风险投资发起中，利益相关者和创业者的信任可以促进新创企业获得风险投资（Pollack et al.，2017；Ding et al.，2015）。又如李文金等（2012）通过分析新创企业创业融资的影响因素发现创业者与投资者之间的信任可以促进创业者从外部融资机构获得创业融资，助力新创企业发展。除以上风险投资和创业融资外，来自家人和朋友的爱心资金对创业资金获取具有重要补充作用，有学者研究发现情感信任与爱心资金之间存在显著的正相关关系（李新春等，2015）。其次，创业信息获取方面，周冬梅和鲁若愚（2011）通过系统探讨创业网络在创业信息搜寻中的渠道作用，分析发现网络中的信任可以促进创业主体的信息搜寻行为，有效减少信息噪声和冗余带来的高筛选成本。Geneste 和 Galvin（2013）采用 293 个中小型创业企业的数据，运用结构方程模型分析发现，信任有助于小企业主从客户那里获取知识和信息。最后，其他的创业资源方面，任胜钢等（2016）基于中国创业人脉资源的视角探究信任在创业资源获取中的作用，研究发现信任通过促进创业资源获取进而对机会开发和新创企业成长均具有正向作用。蒋剑勇等（2013）采用全国农民创业的微观数据研究表明，基于信任的社会网络关系强度对农民创业资源获取具有显著促进作用。

4. 信任对创业绩效的影响研究

已有研究关于信任对创业绩效影响的文献较少，但对信任与企业或组织绩效的关系已展开了广泛讨论。有学者通过对相关文献进行梳理和 Meta 分析发现，信任能显著促进绩效，其促进作用不仅表现在团队内部，还表现于组织之间（苏涛等，2017；孔海东等，2020）。聚焦创业绩效，Bauke 等（2016）通过对中国和德国的创业者数据研究表明信任可以显著提高新创企业的创业绩效，同时该促进关系还受到两国正式制度强弱程度调节作用的影响。王书斌和徐盈之（2016）基于 3 年的创业企业截面数据分析表明信任不仅可以缓解融资约束，还可以降低创业初期企业扩展期的市场退出风险，从而促进新创企业健康成长。王永贵和刘菲（2019）系统分析了信任对企业创新绩效的影响，基于服务外包项目经理与企业战略经理的匹配数据分析发现信任可以显著提高企业创新绩效。除了财务上的成功，创业者个体的感受也被认为是重要的绩效。Su 等（2020）基于中国社会综合调查的数据研究表明，信任作为一种非正式制度，对创业者的主观幸福感具有正向影响，同时这种创业的幸福感效应存在异质性，在制度空缺程度比较严重的地方更加显著。

（四）国内外文献评价

综上所述，既有文献关于信任的概念、前因和结果研究，农民创业的影响因素、信任对农民创业直接或间接影响等为本书明确核心概念和研究框架、设计科学的技术路线、选取恰当的研究方法提供了重要启示和有益借鉴，但仍存在以下几方面问题有待深入研究：

（1）现有文献关于信任对农民创业行为的影响研究尚未形成统一理论分析框架，大多将创业各阶段及行为结果进行割裂分析，无法呈现信任在农民创业活动中发挥的完整作用，并且已有研究缺乏关于信任对农民创业各阶段行为影响的机理阐述，鲜有研究结合创业过程规律和创业者行为特征设计信任对农民创业影响的逻辑链条。

（2）现有文献多将信任当作社会资本的组成要素或社会网络的形成前因间接探讨与创业活动的关系，忽视了将信任作为更底层原因的深入挖掘以及信任对农民创业直接效应的影响分析。此外，已有研究关于创业者信任水平的测度仍需完善，多数实证分析仅采用微观数据库中的单一题项对信任进行代理，缺乏完整的信任评价体系。信任作为一个多维度跨学科的综合概念，应从其形成路径出发，兼顾科学性、完备性和可行性，设计完整的测度框架与多维指标体系。

（3）现有文献针对信任影响农民创业选择、农民创业机会识别、农民创业资源获取与农民创业绩效中间作用机制的理论探讨和实证检验不足，多数实证文献仅仅分析了信任某一维度对创业活动的影响，缺乏对信任不同维度影响的综合分析和比较研究。

（4）现有文献关于信任和创业的研究多集中在欧美发达国家，且多聚焦于城市地区，尚未给予中国社会文化及农民创业情境足够的重视。信任嵌入社会文化，在中国乡村地区，"差序格局"为特征的关系本位占据主导地位，与城市地区社会文化有着显著差异，同时，创业活动高度依赖所处情境，欧美等国家的创业情境也与中国具有较大差别，因此，有必要针对乡村地区信任和农民创业活动展开研究。

基于此，本书拟构建信任对农民创业活动的理论分析框架，立足创业过程理论深入剖析信任在创业各阶段中的作用机制，运用计量模型依次分析信任对农民创业选择的影响、信任对农民创业机会识别的影响、信任对农民创业资源获取的影响、信任对农民创业绩效的影响，以期探求信任驱动的农民创业优化机制。

四、研究思路与研究内容

（一）研究思路

本书以乡村地区信任视角下农民创业发生率和成功率的提升为研究目的，基于对中国农村地区农民创业和创业者信任水平等方面的现状考察，遵循"信任—缓解不确定性—促进合作—农民创业行为"的逻辑链条，归纳信任在创业过程中的主要影响机制，构建创业过程理论支撑下信任对农民创业各阶段行为影响的理论框架，采用中国家庭追踪调查2012—2018年全国农村地区的微观数据与浙江、安徽、河南、陕西等地收集的890份农民创业者专项调查数据，实证检验了信任对农民创业选择决策、农民创业机会识别、农民创业资源获取与农民创业绩效的影响，以期为推进社会主义核心价值观和乡村诚信文化建设、促进农民创业选择决策、增强农民创业绩效提供理论和实践参考。具体研究思路如下：

首先，依据创业过程理论、创业选择理论、创业机会识别理论、创业知识基础观、创业资源基础观对农民创业决策、农民创业机会识别、农民创业资源获取、农民创业绩效进行概念内涵和外延的界定；基于信任的已有文献梳理信任的内涵、属性及主要类型；在此基础上，归纳信任对创业过程的四个重要影响机制，构建信任对农民创业各阶段行为影响的理论分析框架，概括信任对农民创业分阶段行为的作用机理。

其次，回顾中国农民创业的发展历程，梳理当前农民创新创业激励政策的布局及演变规律；明确创业各阶段行为的表征指标和测度方法，对农民创业选择决策、农民创业机会识别、农民创业资源获取、农民创业绩效进行描述性统计分析和特征总结；基于信任的概念分析，构建信任的三维指标体系，运用微观调查数据对农民创业者总体信任及分维度信任水平进行系统评价和特征分析。

再次，基于上述理论分析框架，依次提出信任影响农民创业决策、农民创业机会识别、农民创业资源获取、农民创业绩效的待验证研究假说，采用微观调查数据和计量统计方法对这些研究假说进行实证检验，深入探究信任影响农民创业各阶段行为的影响方向和程度。

最后，综合理论分析结论和实证分析结果，立足乡村地区诚信文化建设，探究激发农民创新创业热情、增加农民创业机会识别能力、提升农民创业者资源获取、促进农民创业绩效的对策建议和指导意见。

（二）研究内容

1. 信任对农民创业影响的规范分析

对应文中第二章、第三章的主要内容，主要包含：一是在参考已有信任研究文献的基础上，归纳总结信任的内在属性，基于此对信任进行概念界定，根据信任的生成路径细分信任为情感信任、制度信任和社会信任。依据农民创业已有研究和逻辑学原理，对农民创业行为的四个关键词（农民创业选择决策、农民创业机会识别、农民创业资源获取与农民创业绩效）进行清晰界定；二是以信任文献和创业过程理论为出发点，梳理信任在创业行为中的四大影响机制，构建信任影响农民创业各阶段行为的理论分析体系；三是梳理中国农民创业的发展轨迹和创业支持政策的演进规律，设计信任的指标评价体系并对农民创业者的信任水平进行描述和特征分析，明确农民创业过程中核心变量的测量，并基于微观数据进行农民创业现状分析。

2. 信任对农民创业影响的实证分析

对应文中第四章至第七章的主要内容，主要包含：一是实证分析信任对农民创业决策的影响，基于信任对创业行为的作用机制提出信任对农民创业选择决策正向影响的研究假说，采用中国家庭追踪调查 2012—2018 年的全国微观数据及 Probit 模型、Lewbel－IV 模型等方法，检验信任促进农民创业选择决策的假说；二是实证分析信任对农民创业机会识别的影响，基于信任作用机制和创业机会识别过程提出信任对农民创业机会识别的直接效应和链式中介效应的研究假说，采用来自浙江、安徽、河南和陕西 4 省农民创业者的实地调查数据及链式多重中介（Serial Mediation）检验方法，检验信任促进农民创业机会识别的假说；三是实证分析信任对农民创业资源获取的影响，从农民创业过程中最重要的三种资源（资金、劳动力和信息）出发提出研究假说，采用来自浙江、安徽、河南和陕西 4 省农民创业者的实地调查数据及 Probit 模型、IV－Probit 模型等方法，检验信任促进农民创业资源获取的假说；四是实证分析信任对农民创业绩效的影响，基于创业学习的中介作用和创业环境的调节作用提出信任影响农民创业绩效的有调节中介（Moderated Mediation）模型的研究假说，采用来自浙江、安徽、河南和陕西4省农民创业者的实地调查数据及有调节中介的检验方法，检验信任促进农民创业绩效的假说。

3. 信任与农民创业优化的对策研究

对应文中第八章的主要内容，主要包含：一是立足信任在农民创业过程中发挥的重要作用，提出全面提升乡村地区信任水平的对策建议；二是立足正式制度和市场秩序对信任的支撑作用，提出全面深化制度改革、完善市场秩序的对策建议；三是立足农民创业者的创业能力提升、资源获取和利用及创业环境的改善，提出促进农民创业成功的支持政策。

五、研究方法与数据来源

（一）研究方法

在介绍研究背景、提出现实问题、凝练科学研究问题的基础上，本书主要采用规范分析与统计计量分析相结合的方法开展研究，具体研究方法包括：

1. 规范分析法

为厘清概念定义，进一步构建理论分析框架，本书采用规范分析法，首先对"信任""农民创业""机会识别""资源获取"等概念的内涵和属性、边界和类型展开了深入分析；其次对信任影响创业行为的四个作用机制（信息流动机制、风险抵御机制、合作协同机制和制度补偿机制）展开了分析；最后将农民创业过程拆解成创业选择决策、创业机会识别、创业资源获取和创业绩效四个阶段，构建信任影响农民创业行为的理论框架。

2. 统计计量法

为验证理论假说和命题，本书综合采用多元统计分析和计量经济分析等方法。第一，探索性因子分析和验证性因子分析。基于待测变量的内涵和属性设计相关量表指标，运用探索性因子分析对所设计指标进行初步研究，以确定指标设计的合理性和量表整体维度的科学性，剔除产生偏差的指标题项，随后运用验证性因子分析对量表的信度和效度进行检验，以确定最终的量表结构和内容。第二，线性多元回归和二值响应模型。根据假说检验中因变量的数据分布情况，采用 Probit 模型分析信任对农民创业选择决策的影响、信任对农民创业资源获取的影响，采用层级线性回归分析信任对农民创业机会识别的影响、信任对农民创业绩效的影响。第三，工具变量法。针对在以上过程中信任可能存在的内生性问题，采用 Lewbel - IV 模型解决信任在农民创业选择决策中潜在的内生性问题，采用 IV - Probit 模型解决信任在农民创业资源获取中潜在的内生性问题，采用 2SLS 方法解决信任在农民创业绩效中可能存在的内生性问题。第四，中介效应检验和有调节中介模型。为进一步分析信任对农民创业机会识别的中介作用，采用 Sobel 法和偏差校正的 Bootstrap 法等检验链式中介效应。采用有调节中介的检验步骤研究信任对农民创业绩效的中介效应和调节效应。

（二）数据来源

本书数据来源于两部分：中国家庭追踪调查与课题组专项调查。

1. 中国家庭追踪调查（China Family Panel Studies，下文简称 CFPS）

CFPS 是由北京大学中国社会调查中心组织实施，采用多阶段等概率抽样，样本覆盖 25 个省份，具有全国代表性，2010 年为抽样及调研基期，随后每两年追踪调研一次，形成了 2010 年、2012 年、2014 年、2016 年、2018 年共 5 个子数据集，每个数据集均包括家庭库、成人库、少儿库等内容。本书主要采用 CFPS 成人库数据集，并辅以家庭层面的相关特征信息。数据集中关于受访者基本特征和创业等情况的调查信息较为详尽，数据质量较高。由于 2010 年基期调查中未包含信任的相关问题，故舍弃 2010 年的数据集。

2. 农民创业课题组专项调查

本研究课题组于 2017 年 9—10 月和 2019 年 7—8 月分别在浙江、安徽、陕西、河南开展主题为"农民创新创业"的农村实地入户调查。详细的抽样过程如下：第一步，根据地区经济发展水平与地理位置差异，并结合农民创业发生率综合判断后，课题组在东中西部地区选取浙江、安徽、河南和陕西4 省形成一级抽样框。第二步，根据省内经济发展水平及创新创业分布情况，同时考虑调研便利性与可行性原则，课题组抽取浙江省（温州市、丽水市、宁波市），安徽省（宣城市、铜陵市），陕西省（宝鸡市、咸阳市），河南省（濮阳市，平顶山市，汝州市）作为二级抽样单元。第三步，从当地政府的工商部门申请到已登记注册并符合此次调研的汇总名单，形成末端抽样单元。在此基础上以随机抽样的方式在每市确定 150～200 户的目标户数。本书研究对象为农村地区创业者，根据前文的定义样本须满足三个条件：①农村地区常住居民（每年居住半年以上）；②处于创业时期（创办企业不超过 10 年）；③受访者须为企业法人或个体工商户经营者本人。课题组的初次调研于 2017 年 9—10 月进行，但农民创业者不同于普通农户，实地调研时协调难度大、拒访率较高，因此课题组于 2019 年 7—8 月进行了一次补充调研以扩大数据库样本量①。两次农民创新创业问卷调查共发放问卷 917份，其中第一次收回 610 份，第二次收回 307 份，剔除问卷 15％以上变量缺失或受访者回答质量差等原因导致的无效问卷后，共获得有效问卷 890份，问卷有效率 97.06％。共涉及 10 个市 28 个县（区）159 个镇（乡）347个自然村（行政村）。

六、本书创新之处

（1）本书从信任视角出发，扩展了非正式制度理论、社会资本理论在创业管理研究领域的应用。已有文献表明在市场深化改革和经济转型时期开展创业活动，常面临创业机会有限、资源稀缺、风险较高且正式制度存在缺位等情况，此时非正式制度发挥重要补充替代作用。本书以农民创业者为研究对象，通过剖析非正式制度的重要组成部分——信任对农民创业行为的影响效应，在视角上丰富了非正式制度对创业的影响研究。

（2）本书在创业过程理论的指导下构建"信任—农民创业"的逻辑分析框架，以创业的不确定性和风险为纽带，在理论上将信任与农民创业进行连接，归纳出信任在创业中发挥的 4 个作用机制（信息流动机制，风险抵御机制，合作协同机制和制度补偿机制），详细阐述了信任对农民创业过程中各

---

① 正式数据分析前本研究分年份对所涉及核心变量进行均值 T 检验，分析发现核心变量的均值在 2017 年和 2019 年间不存在显著差异，表明时间效应对核心变量的影响在 2017—2019 年间可能较小。

阶段行为的影响机理，丰富和扩展了农民创业过程研究的理论体系。

（3）本书将信任"三分建构"为情感信任、制度信任、社会信任，并设计了创业者的信任指标评价体系和测量量表，突破了已有研究中使用单一维度或两个对立维度的局限性，扩展和完善了信任的研究边界和研究范畴。此外，基于发展中国家和转型经济体双重制度背景下农民创业的研究情境，本书弥补了已有文献只关注到欧美发达国家和普通创业情境的不足，拓展了中国农村情境下的本土化研究，同时依托创业者个体微观调查的经验证据，尝试补充并完善信任对创业影响效应中的研究方法和实证案例。

（4）本书通过分析信任对创业选择决策、创业机会识别、创业资源获取与农民创业绩效的影响，得到的创新性结论包括：一是信任对农民创业选择决策具有显著正向影响，且信任不同子维度对农民创业选择决策的影响具有差异性，情感信任和社会信任正向影响农民创业决策，而制度信任对农民创业决策具有显著抑制作用。与同类研究成果相比，本书采用了全国农村地区长时期大样本的微观数据并运用多种计量经济模型，有助于计算得到信任对农民创业选择决策的真实影响效应。二是信任对农民创业机会识别具有显著促进作用，除直接效应的影响外，信任还可通过提高创业警觉性和外部知识获取间接影响农民创业机会识别，且创业警觉性和外部知识获取的链式中介作用也得以证实。与同类研究成果相比，本书实现了信任作用机制与创业机会识别理论的有机结合，以警觉性和知识获取为桥梁，形成严谨的分析框架并提出科学假说，有助于揭示信任对农民创业机会识别的影响路径和渠道。三是信任对农民创业资源获取具有显著正向影响，具体表现在农民创业资金获取、农民创业劳动力资源获取和农民创业信息资源获取等方面。与同类研究成果相比，本书落脚于农民创业活动中三个最为紧缺的要素：资金、劳动力和信息，有助于理解信任在创业资源获取中发挥的重要作用。四是信任对农民创业绩效具有显著正向直接影响，此外，信任可通过促进创业学习间接影响农民创业绩效，而整个影响路径还受到创业环境的调节效应。与同类研究成果相比，本书在同时考虑内在能力和外部环境双重因素的基础上，系统评估了信任对农民创业绩效影响的内在机理，深化了对不同约束条件下信任与农民创业绩效关系的理解。

第二章 概念界定、理论基础与分析框架

一、核心概念界定

（一）信任

1. 信任的内涵与属性

（1）概念辨析。信任，作为社会的基石，伴随着人类文明的出现而诞生。古今中外的学者们更是从不同角度对信任给出了不同理解。追溯到中国古代典籍《说文解字》，"信"诚也，从人从言。《论语》中"信"出现了 38 次，儒家最重要的思想之一"仁义礼智信"中最后一个字也包含了"信"（郑也夫，2015）。但是，20 世纪 90 年代之前，中国学界对"信任"的讨论大多局限于传统"诚信"范畴，直到 20 世纪末，社会学学者们才开始将"信任"作为一个正式主题进行研究（郑也夫，1999；杨中芳和彭泗清，1999；王飞雪和山岸俊男，1999），聚焦组织管理和创业领域。欧美国家对信任概念的讨论更为成熟，但因各自侧重点不同，尚未达成一致意见。举例来说，有学者定义信任是一种心理态度，一方针对另一方而自愿承受的脆弱性（Rousseau et al.，1998）。有学者从不确定性角度定义信任是一种不确定性下的期望行为（Bhattacharya et al.，1998）。还有学者认为信任就是自愿将资源交予另一方支配，以期获得相应回报（Coleman，1990）。另外有研究强调信任是一种缺乏监督的行为（Mayer et al.，1995）。部分代表性观点和经典文献如表 2-1 所示。

表 2－1　信任内涵及定义的代表性观点

界定维度	定义表述	经典文献
强调心理态度	信任是一种心理状态，包括基于对他人意图或行为的积极期望而甘愿承受的脆弱性	Rousseau 等（1998）
强调不确定性	信任是一种对积极（或非消极）结果的期望，一方可以通过另一方在不确定性为特征的互动行为中获得这种积极结果	Bhattacharya 等（1998）
强调资源支配	一方自愿将资源交由另一方支配，虽然另一方没有做出任何法律承诺，但一方仍然期望可以得到相应的回报	Coleman（1990）
强调缺乏监督	一方对另一方进行重要特定行为的期望，而不考虑一方是否对另一方具有监督或控制的能力	Mayer 等（1995）

（2）主要属性。从上述定义关注的重点可知，信任具有多种内在属性。主要可概括为以下几点：第一，信任具有不对称性。该不对称性不仅体现在信任主体和客体的地位不对称，还体现在信任行为与期望结果之间的时间不对称。信任主体一旦付出信任，只能寄予期望，故处弱势地位。信任后的期望结果必然是后置的，因此两者存在时间差。第二，信任具有不确定性。信任只在不确定条件下才有生存土壤。不确定性的出现会带来相关风险，而信任正是用于应对风险的有效工具。第三，信任具有主观性。由于信任发生在不确定情况下，通常来说缺乏客观的判断信息，因此，信任多为主观态度和意向。

基于以上分析与判断，本书将信任定义为：信任者对被信任对象持有的积极评价，相信被信任对象的行为将有利于信任者，信任者也会在该心理态度指导下采取对应行为。

2. 信任的分类

信任的多重属性也决定了信任具有不同来源和分类。纵观已有文献，大致包括"二分建构"和"三分建构"两种主流思路。"二分建构"分类法因其形式简洁且通俗易懂，较为常见，具有代表性的有：普通信任与特殊信任、人际信任与制度信任、认知信任与情感信任等，此两种信任之间完全对立。信任的"三分建构"划分法与"二分建构"的区别并不仅仅在于数量，而是各自不同的理论预设。"二分建构"着重强调概念间的排斥不相容，"三分建构"则强调了各子维度之间的相互促进、协调共处。学者们建议究竟选择哪种划分方式取决于具体的研究对象，"权变理论"也指出环境的变化将使得个体对不同的对象赋予不同程度的信任（Scott Ⅲ，1980）。

本书主要研究对象为创业者个体，借鉴 Welter（2012）创业情境下信任研究中的"三分建构"法，将信任划分为情感信任、制度信任以及社会信任，如图 2-1 所示。

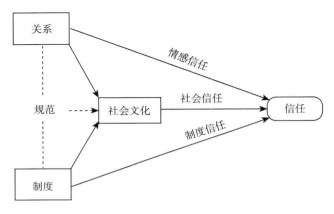

图 2-1　信任的生成路径

首先，早期的合作行为仅存在于家庭成员之间，以血缘关系和情感投资为主要纽带，构成了信任的第一层内容——情感信任。情感信任是一种源自多种情感依恋的信任（Granovetter，2017）。当个体将情感投注于所信任对象时，情感信任得以萌生和发展。情感信任通常存在于个体最为亲密的关系圈（如家庭关系圈，亲戚朋友圈等）。基于情感信任建立的关系网不仅为农民创业者提供创业初期急需的物质资源，也为创业者提供持续的情感支持。

其次，随着生产扩大和发展需要，仅限家庭内部的合作行为进一步扩大至社群范围，道德规范的诞生成为社群重要的奖惩机制，此时由道德规范形成的社会文化构成了信任的第二层内容——社会信任。社会信任体现的是社会共同期望，即个体在社会交往中表现出明智、必要时互惠的行为，也可理解为因群体中社会价值认同而产生的社会义务感，这种义务感形塑个体行为，使社会中的行动者在与他人合作时无需依赖对其行为的理性判断

(Welch et al.，2005)。社会信任通过降低交易成本、提高交易效率促进经济发展（Putnam et al.，1994）。

最后，随着社群的扩大，道德规范的约束范围也不断增大，直接导致约束力度日渐薄弱。由规范衍生出的正式制度成为强有力的奖惩接替工具，构成了信任的第三层内容——制度信任。制度信任是对除自然人以外其他社会主体的信任，如组织、制度与规则等（张立芸和谭康荣，2005），制度信任本质是一种基于威慑的信任，这种信任主要源于制度安排，迫使欺骗和背叛无法实现（Granovetter，2017）。制度信任的"制度"可涵盖规章制度本身及制定和实施制度的组织或个人，如政策法规、各级政府部门及其行政人员等。

（二）农民创业

对农民创业概念进行定义时，可将其拆解成两个词"农民＋创业"。创业作为属概念，被学者们普遍接受的定义为，创业是一种商业活动，涉及发现、识别和利用新的机会，对生产要素和资源进行搜集整合，组织生产方式，为市场提供新产品或新服务，最终创立以前未出现过的企业或组织（Venkataraman，1997；Shane and Venkataraman，2000）。"农民"本意是指长时期从事农业生产的人[①]，是一种职业概念。而本书的"农民"特指"农村居民"，即常年居住在农村地区且嵌入在乡村文化和环境中的公民。因此，根据"内涵＋属概念＝种概念"的逻辑性原理，"农民创业"即农村居民这一群体开展的创业活动。基于以上分析，本书界定"农民创业"为：农村居民依托农村的自然社会经济环境，通过对创业机会的识别和开发、要素资源的整合，最终实现新组织的创立、提供新产品或新服务，为所在地域经济发展做出贡献并实现自我价值的完整过程。具体来说，农民创业过程包括4部分核心内容：农民创业选择决策、农民创业机会识别、农民创业资源获取、农民创业绩效。

1. 农民创业选择决策

创业选择是指个体所面临的针对创业"是"或"否"的选项。现实

---

① 来自《汉典》的解释。

中，农村居民面临很多职业选择，比如是否务农、是否非农受雇、是否进城务工等。而"决策"的内涵是为达成某一目标，在两个或两个以上的行动方案中，应用比较、分析、判断等方法，最终决定一个方案并付诸实践的过程。在此基础上，创业选择决策的内涵可概括为个体在面临是否创业这一选择时，经过比较分析，最终做出创业或不创业的决定，并根据这一决定及时付诸实践。而本书的决策对象为农村居民，其普遍具有人力资本水平低、认知能力较差、嵌入农村情境等特点，因此，本书的"农民创业选择决策"指的是，潜在的农民创业者在综合分析所处市场环境，并结合自身禀赋条件和已有资源的基础上，以实现个人财富最大化为目标，对进入创业的预期收益和成本进行比较分析后而做出的、并即刻付诸实践的决定。

2. 农民创业机会识别

创业机会识别作为整个创业过程的起点，是整个创业活动的核心（Gaglio and Katz，2001），潜在的创业者可能颇具创造力和拼搏精神，但若缺少识别与利用机会的能力，创业理想将无法实现。根据逻辑学基本原理，创业机会识别可以拆解成"创业机会＋识别"。国外学者将创业机会定义为市场上存在的不对称信息（Kirzner，1979）。但现实中，可能只有极少一部分不对称信息可以发展成为创业机会。更准确点讲，创业机会可定义为可用于创建新企业或开创新事业的有利通道和恰当机会（王朝云，2010）。"创业机会＋识别"的概念内涵就可以表达成，创业者发现并识别出可用于开创新事业或创建新企业的恰当机会和有利通道。本书的创业对象为农民，农民创业者不仅具有创业者的个体属性，还具有其所嵌入的农村情境属性。因此，本书将"农民创业机会识别"定义为：农民创业者在与环境的互动中，凭借自身对机会的感知与敏锐性，发现或识别出可用于开创新事业或创建新企业的恰当机会和有利通道。

3. 农民创业资源获取

资源是企业得以生存并发展的核心要素，而大多数新创企业在创建和成长过程中一直面临"资源问题"。如何获取关键资源并对其进行有效开发是新创企业成功的关键（Senyard，2015）。Barney（1991）将创业资源定义为创业企业在组织建立、市场生存和成长发展过程中必不可少的基本要素及条件总和。Grand（2011）从提升企业竞争力的角度定义创业资源为一种促进新创企业实现自我价值的特殊要素。聚焦农村创业情境，要素市场发展缓慢，资源渠道较为闭塞，导致了农民创业资源的几大特征：首先是需求量大，创业属性决定了前期需要投入大量资源，而农民创业者本身资源十分匮乏。其次是资源成本高，由于农民创业风险较一般创业更高，具有更为严重的新生劣势，因此在市场中获取资源的成本更高。综合上述，本书将"农民创业资源获取"界定为：农民创业者通过搜寻、整合、拼凑等方式最终获取农民创业企业在成立、生存与发展过程中必不可少的要素与条件。本书主要关注农民创业中的资金获取、劳动力资源获取、信息资源获取三个方面。

4. 农民创业绩效

绩效一词来源于组织管理领域，是衡量组织或企业运行效果的重要指标。聚焦创业领域，创业绩效是表征创业成果的最重要指标（余绍忠，2013）。一般而言，创业绩效的具体内容包括创业活动的销售情况、盈利情况及增长情况等（Robinson，1999）。继续细分到农民创业领域，不仅仅是创业者身份发生变化，整个创业所处情境均与一般创业不同。郭铖和何安华（2017）将农民创业绩效定义为农民通过涉农创业实现的业绩和效益，而且着重关注农民创业者在创业前后及与其他农民创业者之间的经济效益比较。丁高洁和郭红东（2013）基于目标导向定义农民创业绩效为农民创业者在创业过程中完成某项任务或目标的程度。基于以上观点，本书认为"农民创业绩效"是表征农民创新创业过程最终结果的评价体系，而且农民创业绩效不仅仅是简单的财务概念，更应是一个涉及横向和纵向比较的多维综合评价系统，包括农民所创企业的基本运营情况、农民创业者的个人目标完成情况以及新创企业未来的成长发展情况。因此，本书从生存绩效、个人绩效、成长绩效对农民创业绩效进行衡量。

二、理论基础

（一）创业过程理论

早期的创业研究主要以特质论为主，重点回答具有何种特质的个体可以成为创业者，随着研究的深入，学者们指出一旦视创业者为特质群体，无疑会陷入分析创业者天赋和品质的困境，不利于理解创业现象和推动创业教育（Gartner，1988），因此对创业的研究应该着眼于创业者在做什么，创业的过程如何，而不是"谁是创业者"（Ramoglou et al.，2020）。就本质而言，创业是新组织的成立，是将相互依存对象按照适当序列进行组合，从而产生合理的结果（Weick，1979）。根据这一定义，学者们对创业过程开展广泛研究，形成了诸多理论模型，其中以 Gartner 的四要素过程模型和 Timmons 的创业过程模型最为著名。

1. Gartner 四要素过程模型

Gartner（1985）利用新创企业的四个方面构建了四维创业分析框架：个人（新组织新企业的创始人）、组织（创建公司的类型）、环境（新企业周围的情况及其影响）、创立过程（个体创立企业的行动轨迹），如图 2-2 所示。该模型第一次将创业的四个维度结合起来，突破了以往研究中只研究两两关系的限制。具体来说，①个人。创业者无论被看作是"头脑冷静的风险承担者""贪婪的风险厌恶者"还是"冒险者"，他们均具有一个共同的特性，对现实有着绝对清晰的认识。为了建立创业者的心理形象，学者们对创业者的心理特征展开了研究，结果表明创业者普遍具有如下心理特征：对成就具有迫切需求、掌控的能力、冒险倾向。②创立过程。Danhof（1949）认为创业是一种活动，而不是一种特定的职业或个人，是一种动态的过程。随后列出了 6 个常见的创业行为：发现一个创业机会、积攒资源、对产品和市场进行调研、生产产品、建立一个公司及回应政府和社会。③环境。创业研究显示高度支持的区域创业环境推动和拉动了创业活动，缔造了创业者。针对环境的作用，主要有两种观点。一种是环境决定论，即环境作为外生条件，适应的组织才能得以存活（Aldrich and Pfeffer，1976）。另一种是战略选择观，即环境是创业组织通过自身感知的选择而创造的"现实"。④组织。大多数对新创企业的研究均忽视了对企业组织相关特征的讨论，其原因主要有，这些研究认为创业者都是相似的而且他们均通过相同的过程来创立企业。实际上，不同的组织特征对创业过程具有十分显著的差异影响（Van de Ven et al.，1984），常见的组织特征包括合作人类型、战略选择类型等。

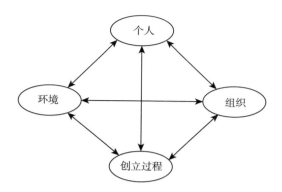

图 2-2　Gartner 四要素过程模型

2. Timmons 创业过程模型

Timmons 和 Spinelli（2009）基于创业过程的动态性和复杂性提出了经典的创业过程模型，如图 2-3 所示。该理论模型的核心思想为：创业过程是一个创业机会、创业资源和创业团队动态平衡的过程，而机会、资源和团队也就成了创业的核心三要素，创业者则是该平衡系统的管理员。Timmons 甚至将整个系统比喻成"杂技演员正在进行一场同时保持三个球不落地的表演"。首先，创业机会是该过程的核心，也是创业的起点。一个卓越创业机会的重要性将远远超过团队能力和所掌握资源。其次，创业资源是该过程的保障，也是创业的基础。能否快速调动和整合现有资源、发掘新资源成为创业机会能否落地的前提。最后，创业团队是该过程的主体，也是创业的实施者。一个优秀的团队是创业能够维持长期高速增长的关键因素。在创业初期，一方面，创业机会大量涌现；另一方面，创业资源有限、创业团队能力不足，加之初期市场与环境的不确定性较高，使得整个系统出现失衡。此时，创业者需要明确创业机会，通过提高交流沟通和领导力促使创业团队搜寻创业资源，通过增强创造力突破思维定式打破僵局，从而使得三要素重新获得平衡。随着时间向前推进、空间发生转移、环境变动和不确定性又会使得机会、资源和团队三者的关系不匹配，因此，仍然需要创业者针对具体情况进行认真分析，及时进行沟通交流，增强创造力，提升领导力。综合上述，创业过程并没有严格意义上的终点，需要创业者不断平衡核心三要素的关系，形成盘旋上升的发展历程。创业过程理论为本书分析农民创业提供了重要的理论基础与分析框架。

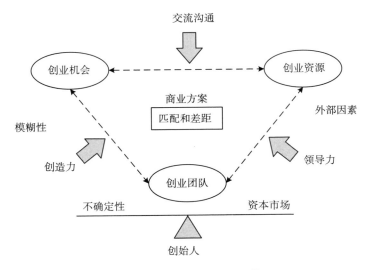

图 2-3 Timmons 创业过程模型

(二) 创业选择理论

创业选择理论起源于职业选择模型，根据理论的侧重点不同大致可分为三种模型。

1. 基于个体同质性的创业选择模型

现代创业经济理论以 Knight 的观点为前提，认为创业者不一定非得是创业者，他们可以在创业和其他职业中进行选择，以实现个人的预期效用最大化。早期的职业选择模型首先设定进行选择的个体具有同质性，且经济不存在风险。该模式下，个体拥有两种职业选择：工资为 ω 的受雇工人和独立生产经营以获得利润 π 的创业者，如果 $\pi > \omega$，受雇工人转成创业者，此时多余的产出会降低产品价格，减少利润 π，直到与 ω 相等。当 $\pi < \omega$ 时，创业者将退出独立生产转成工人，产品供给减少价格上涨，利润 π 增加，因此该模型的均衡条件为 $\omega = \pi$。随着研究的深入，学者们认识到无风险假设具有太多局限性，因此，在同质创业者模型的后续发展中引入了风险因素。创业者面临的风险可能有不同的来源，例如无法确定所生产产品的市场需求、未来的生产能力和生产成本（Wu and Knott，2006）。工资受雇者也可

能面临一些风险，如工资变化以及公司裁员等，但相对而言，可以认为工资受雇者是确定性工资 ω 的接受者。同时还可以假定创业者面临的风险直接影响其利润 π。引入风险因素后部分学者认为风险的增加必然会减少创业者的均衡人数。但事实情况恰恰相反，原因在于，风险不仅会带来下行的后果，也可能产生上升的潜力，使得风险市场充满吸引力，因此即使是风险规避的个体也愿意进入市场进行创业（Sheshinski and Drèze，1976）。

2. 基于能力异质性的 Lucas（1978）创业选择模型

实践中创业者与生俱来的"企业家才能"可能与普通受雇工人具有显著区别。这种"企业家才能"可能表现在人力资本、领导特质、判断力等方面。为使模型保持简洁，Lucas（1978）假定每个人均具有一定的企业家才能，用 x 表示，同时还假定该能力 x 是固定可知的，具有 x 能力的个体相对频率为 $f(x)$，累积相对频率为 $F(x)$。Lucas 认为只有当 $x \geqslant \tilde{x}$ 时，个体才会成为创业者，而此时企业家才可能增大创业者产出，因此可得创业者利润函数为 $\pi(x) = xq - c$，其中 c 是利用资本和劳动力产出 q 的总成本，$\tilde{x}$ 则为创业者的企业家才能边际值。创业选择的静态均衡如图 2-4 所示。当 $x < \tilde{x}$ 时，个体企业家才能处于较低水平，预期创业收入显著低于工资收入，因此个体倾向于受雇工作；随着 x 的增加，潜在创业收入不断增加，当超过临界值 $\tilde{x}$ 后，创业的预期收入将大于受雇工资，此时个体将选择进入创业。Lucas 生产函数中 xq 项的另一个特性是，企业家能力 x 较高的创业者对资本和劳动力的需求更大，因此无论规模是由劳动力雇用决定还是由资本决定，有能力的创业者均可经营更大的公司。换言之，创立一家公司使具

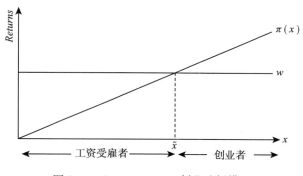

图 2-4　Lucas（1978）创业选择模型

有企业家才能的个体能够将自己的能力扩大到最大范围，从而获得更为客观的回报（Murphy et al.，1991）。

3. 基于风险态度异质性的 Kihlstrom‐Laffont（1979）创业选择模型

Lucas 模型从创业者能力异质性角度解析了个体为何创业，但现实中，创业活动面临巨大风险，与此同时，个体也具有异质性的风险态度，因此 Kihlstrom 和 Laffont（1979）重点探究了不同风险态度下个体的创业选择。在他们的模型中，风险态度成为创业者异质性的唯一来源。他们认为创业者必须支付一定的风险溢价，但这仅对风险最小的个体具有吸引力，不足以补偿更多的风险厌恶者。根据模型 Kihlstrom 和 Laffont 还提出，风险厌恶型的个体会选择创立较小规模的公司，即所用的劳动力和资源要少于风险偏好型的创业者；风险厌恶的增加会降低均衡条件下的受雇工资水平，主要依据是风险厌恶减少了创业者对劳动力的需求，同时使得个体倾向于选择受雇工作，这两点共同作用使得市场劳动力总供给上升，降低受雇工资水平（Kanbur，1979）；风险厌恶导致的劳动力需求减少，从侧面降低了劳动力成本，可能会促进更多的人进行创业选择。创业选择理论为本书从信任视角探析农民创业选择决策奠定了理论基础。

（三）创业机会识别理论

2000 年，Shane 和 Venkataraman 两位学者发表在 *Academy of Management Review* 上的论文将创业机会识别理论正式引入创业领域的研究，他们主要从机会识别的视角将创业定义为"创业者发现、构建和利用社会资本来识别与创业机会相关的信息，并获取必要资源来开发创业机会的行为过程"。本书主要从三个维度回顾机会识别理论。

1. 创业机会的认知心理学维度

从认知心理学角度去剖析创业机会识别理论在本质上促进对创业思想和运作方式的理解。创业机会识别中的基本认知问题是：市场环境如何在创业者大脑中呈现，使得他们能够感知并发现机会。更具体的问题包括：①创业者处理市场环境的心智模型是否与非创业者有显著差异；②创业者利用市场信息的方式是否与非创业者相同；③创业者心智模型是否影响其识别出更多且更好的机会。为回答这些问题，Gaglio 和 Katz（2001）对创业者识别机会的心智模型进行了深入探析，研究表明创业者所获的市场信息和内容与非创业者并无显著差异，根本区别在于他们各自选择关注的重点，以及对新信息的重视程度，这种显著区别可以用心理学的警觉性理论进行解释。创业警觉性即通过将创业者的注意力转向任何异常、变化和刺激的消息，然后以非典型的方式引导创业者对这些信息进行反思，从而识别出商业机会。Gaglio和Katz将警觉性描述为一种长期的思维模式，创业者通常无意识地、习惯性地使用它。

2. 创业机会的本体论维度

创业机会是否可以独立于创业者而存在一直是学者们激烈争论的问题之一（Buenstorf，2007；Berglund，2007），更进一步的争论还包括创业机会到底是被发现的，还是被创造的。这些争论的难点是基于个体思维模式的感知与解释行为都具有很强的主观性，而这种思维模式主要来源于社会互动，因此需要在互动中共同解决这一问题。学者们指出互动讨论之前首先须明确机会的类型，Yu（2001）将机会分为普通机会和非凡机会两类，普通机会是指对现有生产方式的重组或优化，使得该过程成本更低、效率更高、质量更好；非凡的机会主要指向 Schumpeter 的创造性破坏，创业者试图从反常现象相关的不确定中寻找机会，发现从未有过的新产品或新服务的想法。Endres 和 Woods（2007）认为机会有两种，现有的机会和新创造的机会。现有的机会指已经存在的，但尚未被发现的机会。新创造的机会主要是之前从未知晓，超出大家想象的机会。为了区分"对每个人来说都认为是新产品和新服务的机会"和"实际上是未充分开发或未完全发现的机会"的差异，Plummer 等（2007）借鉴生命周期理论和进化经济学理论提出，创业机会应该是随着时间的推移，从纯粹的新奇事物，到未充分开发，再到充分开发，再到饱和。但截至目前，对该问题还未能达成一致意见，学术争论依然在继续。

3. 创业机会的社会环境维度

如前文所述，从市场中发现并识别机会的心智模型主要是通过与其他参与者的互动（如销售、购买、工作和学习等）逐步发展形成的，因此创业机会不仅仅是个体层面的现象，更是一种社会的现象，其产生需借助社会互动。已有学者从地理位置环境和社会网络环境两方面展开讨论。首先，认知心理学指出警觉性是创业者发现机会的关键能力，而 Kirzner（1979）认为创业者警觉性的应用取决于其生活和行为所处的地理环境。随后 Tang（2008）为这一观点提供了经验证据，如果创业者处在良好的地理环境中，即拥有足够的创业资源和社会支持，那么他们更有可能发挥警觉能力去识别机会开创事业。其次，机会信息作为一种核心资源，对创业机会识别具有重要作用，创业者往往也倾向于信息丰富的环境。网络学派的研究一致认为创业者的社交网络是信息的重要来源之一，并且对创业者识别机会的思维方式产生影响，Granovetter（1973）研究表明社会网络的弱关系更有利于机会的发现与识别。机会识别理论为本书深入分析信任影响农民创业机会的理论逻辑提供科学支撑。

（四）创业资源基础观

一切人类的活动均离不开资源，对于创业活动来说，更是如此。资源是指可以表征企业实力的一切事物（Wernerfelt，1984）。从具体的存在形式来看，资源包括有形资产和无形资产两种，有形资产包括机械设备、土地厂房、原材料等可见且可测的事物，无形资产包括品牌价值、技术知识、生产流程等不可见且难以衡量的事物。新古典价格理论认为，企业所需资源（经济学家也称之为生产要素）在市场上均可获得，且在供应方面具有弹性，当对某种特定的资源、能力或技术的需求增加时，市场上该种资源的价格也会随之上升，同时该种资源的供给也会逐渐上升。例如，如果企业缺少某种原材料资源，那么该原材料在市场上的价格就会上涨，随后，提高该原材料供给的方式和来源也会增加。

资源基础观的中心思想则认为，资源是企业生存的核心，具有稀有、不可替代等属性，是企业与企业之间绩效差异的根源（Wernerfelt，1984；Barney，1991）。绩效差异可归因于不同效率水平的资源所带来的收入差异，一方面，优质的资源可使企业生产出质量更好的产品，为客户提供更好的服务；另一方面，优质的资源可以提高组织效率，效率更高意味着公司成本更低，净收益和价值更大。该理论具有两个主要假设：一是行业内部的组织之间存在资源上的显著差异；二是这些资源在组织之间通常是静态的、不可移动的，因此组织间的资源差异将持续很长时间。资源基础观的另一个关键假设是，它侧重于企业级别的分析（Peteraf，1993），着重于企业所控制的资源和能力。

新创企业的最优做法是创造出一种独特的资源状况，形成资源壁垒让对手难以进入。具体来说，一个企业相对于同行对手的竞争位势取决于能获取到的独特资源和关系，当该独特资源尚未被发掘且饱含潜力，而且同行对手无法了解到该资源的获取策略，那么则认为该企业具有可持续的竞争优势（Sustainable Competitive Advantage）。在此基础上，Barney（1991）指出可实现竞争优势的资源包含的四个特征是有价值、稀有、不可替代和无法模仿。其中，有价值是指该资源可以协调企业在制定或实施战略时提高效率及效力；稀有是指当更多的竞争对手想要获得该资源却无法获得；不可替代且无法模仿主要指当前资源不可移动，模仿及复制成本均很高。随后，Barney（2002）继续将该思想向前推进一步，提出 VIRO 资源框架，该框架正式将资源的特性总结为：价值性（Value）、稀有性（Rarity）、独特性（Imitability）和程序性（Organization）。程序性是早期观点中没有涉及的属性，主要是指企业必须形成一套独有的搜寻及开发资源的程序和步骤，才能长久保持竞争优势。资源基础观为本书分析农民创业群体的资源行为奠定理论基础。

三、信任对农民创业影响的分析框架

本部分在信任、农民创业选择决策、农民创业机会识别、农民创业资源获取等概念分析的基础上，尝试性地将信任与各阶段创业行为连接起来，构建统一分析框架，为后续实证章节奠定理论基础。

（一）信任对农民创业的影响机制

自 Knight（1921）提出不确定性概念以来，不确定性就成了创业情境的关键维度之一，它不仅是企业超额利润的形成机制，也是创业风险的重要源头。如何把握不确定性，降低风险成为每个创业者的必修课程。通常来说，创业过程中的不确定性主要包括环境不确定性和行为不确定性。环境不确定性是指创业组织无法控制且难以预测的经济状况变化，如市场不稳定性或不可预测性。行为不确定性指的是一方无法有效观察或评估另一方的活动或行为（Poppo et al.，2016）。信任作为一种非正式制度，是简化社会复杂性和处理不确定性的核心机制（Sztompka，1999；郑也夫，2015）。因此，本部分以不确定性为逻辑起点，梳理归纳出信任影响创业行为的四大作用机制（图2-5）。

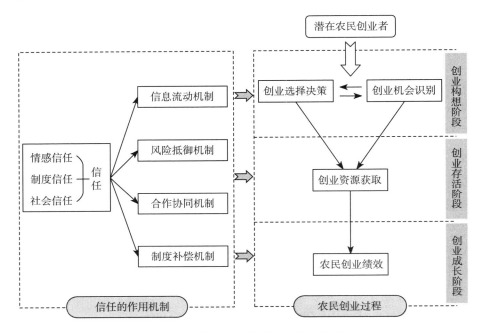

图2-5　信任对农民创业的影响机理

1. 信息流动机制

新创企业要么为已有问题提供新的解决方案，要么为现有解决方案提供新的生产方式，创新在一定程度上成为创业成功的关键（Aldrich，2000）。创新来源于企业内部的隐形资源，主要包括信息、经验与知识（Kale and Arditi，1998）。而在新创企业面临的高度不确定性环境中，这些资源显得尤为缺乏。因此，新创企业应特别重视与投资人、合作伙伴与顾客的交流，从中获取信息与知识以促进创新。而有价值信息和知识的交流、传递及转移往往建立在一定程度信任的基础上（Bjornskov and Méon，2015）。

首先，信任能增加不同群体之间的信息流动（Putnam，1993）。当作为信息供给方时，信任水平较高的创业者通常具有更加包容的心态，更能接受他人的不同，因此更愿意在不同群体中进行沟通交流。反之，信任感较低的个体因害怕所知信息被他人获取及利用，倾向于减少沟通与交流。当作为信息接收方时，值得信任的信息来源会使得创业者获取并接收信息的成本更低、内容更详尽，进一步促进信息流动。不仅如此，高频率的信息流动与交流沟通还可减少不确定性，反过来促进信任的发展（Nee et al.，2018）。此外，信任具有个人价值观的溢出效应，基于信任的合作行为让参与者了解到合作可以产生有形的价值回报，该种合作行为可能会增加个体参与家庭、朋友和熟人以及圈子之外交流的意愿。

其次，信任对于经验获取和知识共享非常重要。一方面，信任可增加知识分享意愿，降低知识共享成本，促进知识分享行为。知识基础观（Knowledge-Based Theory）认为知识对企业的创建和成长至关重要，知识共享乃是知识创新的源泉。通常而言，知识被分为显性知识与隐性知识两种，显性知识易于传播和模仿，但根植于个人微观体验与经验中的隐性知识必须通过共享才能为创业者所用（Barney，1991）。多数学者发现信任是知识转移和分享的前提（Adler，2001；李自杰等，2010；张培等，2018）。当交流双方持信任态度且认为另一方不会采取机会主义行为时，双方才会减少防御性行为并增加知识分享意愿。反之，当信任缺位时，创业经验、技巧等利益相关的核心知识很难被共享，是由于持有方担心这些知识可能被利用从而损害自身利益（Dirks and Ferrin，2001）。除此之外，信任可抑制知识隐藏行为。知识隐藏行为经常出现在创业者与外界交流的过程中，包括推托隐藏、装傻隐藏等（Connelly and Zweig，2015）。通俗地讲，即创业者向外界进行知识求助时，知识的拥有者提供不正确的或隐瞒有助于解决问题的相关知识，以达到维护自己独特知识并保持竞争优势的目的。信任作为交往过程中不会利用对方的弱点而谋求利益的正面预期，可以增强知识应助者的信心，削弱其心理所有权，从而抑制知识隐藏行为（王鹏等，2019）。另一方面，信任能促进知识共享的接收方更好地吸收并内化知识。李自杰等（2010）研究发现信任能加速知识的转换，促进创业者更好地理解知识。反之，在不信任的交流情境中，创业者可能会对于所获知识持怀疑态度，影响知识的学习过程，进一步削弱对这些宝贵知识的开发与利用。

2. 风险抵御机制

由不确定性带来的高风险是创业这种商业活动特有的属性。信任的风险抵御机制主要包括两方面内容：风险偏好态度及风险承担能力。

首先，信任会影响风险偏好态度。信任作为一种积极情绪会影响个体的风险偏好，促进其做出更为冒险的决策（Fehr-Duda et al.，2011）。Chou等（2007）通过 188 名参与者的心理学实验发现，积极情绪显著正向影响个体的冒险行为意愿。信任本质来说是一种对未来不确定性的良好预期。信任水平更高的创业者通常对社会和市场持有正面态度，在创业过程中多持积极情绪，这种情绪会影响创业者的注意力、信息搜索、记忆以及决策过程，表现出一定的冒险倾向。同时，信任能够增进心理安全感（Psychological Safety），心理安全感在降低风险的消极影响方面具有重要作用（Carmeli et al.，2010），此外，信任不仅促使创业者更愿意置身于与他人的风险合作中，还能激活创业者的创造力（贡喆等，2017）。

其次，信任可增强风险承担能力。新创组织成长中充满风险，信任是降低风险的一项重要资源（McLain and Hackman，1999）。一方面，信任可以增加创业者的心理资本进而提高风险承担能力。信任水平较高的创业者持有遇到困难时可以获得帮助与支持的正面预期，具有这种预期的个体往往拥有更多的心理资本，其承担风险的能力也就更强。具体而言，来自家庭的支持对于初期创业者至关重要，基于情感信任建构的家庭不仅可以提供初期所需的物质资源、人力资源、信息资源，还可以为创业者提供情感上的支持，该情感支持通过形成创业者心理资本，增加风险抵御能力（董静和赵策，2019）。王俊秀等（2020）分析表明在面临不确定性时，信任可以促进个体形成信心，从而能以更积极的心态应对风险。另一方面，一些研究认为风险与信任为镜像关系，高信任感意味着个体的低风险感知，而低风险感知可提高风险承担能力（Das and Teng，2004）。通俗来说，只有存在风险才需要信任，信任水平较高的创业者必然对风险具有较低的感知程度，其风险承受的阈值也相应较高。在创业初期，交易合同的签订与交易流程的监督虽然可以大幅降低风险水平，但也显著提高了交易成本。高信任水平的创业者因具有较高的风险承受能力，即可采取最小限度的合同和最低程度的监督来减少交易成本，提升交易效率，从而促进创业。Ross 等（2014）通过澳大利亚昆士兰州 380 个居民的数据研究发现个体的信任程度越高，对风险的认知就越低，对风险的接受程度也就越高。Ma 和 Christensen（2018）采用中国 2013 年 30 个省会城市的微观数据分析发现公民对中央政府的信任与风险感知具有负相关关系，而对地方政府的信任与风险感知为正相关关系。申丹琳（2019）采用中国 A 股上市公司的数据研究表明社会信任可以提高地区企业的风险承担能力。

3. 合作协同机制

信任是一个关键的社会过程，帮助我们与他人合作，在某种程度上存在于所有的人类互动中（Krueger et al.，2007）。Blau（2017）指出信任是人与人之间合作与协调互动的基础。Ledyard（1995）也总结提出信任是合作可以达成的系统性因素。创业是一项集周围资金、人力与知识的系统工程，深度合作贯穿始终。具体而言，机会搜寻阶段，创业者需要与掌握核心信息与知识的人合作，从而更准确地识别出创业机会；资源获取阶段，创业者需要与供应商合作，从而以更低廉的成本获得更多的生产资料；生产运营阶段，创业者需要与雇用员工合作，从而更高效地完成产品或服务的生产与制造；产品销售阶段，创业者需要与市场部门合作，从而以更好的价格销售出更多的产品。

首先，信任可减少合同签订、谈判及监督成本，提高合作效率。在合同起草过程中，正式的合同往往需要考虑所有可能的事项与内容，具有高昂的编写成本（Dyer and Chu，2003）。Karlan 等（2009）指出信任可以促进非正式合同契约直接代替合同，从而减少对正式合同的需求，减少合同制定成本。在合同签订过程中，创业者需要耗费诸多时间和精力对具体条款进行谈判与协商，当存在高度的信任关系时，创业者会相信合作伙伴可靠且仁慈，可以大幅缩减相应谈判所需的时间，促进合作协议更快更轻松地达成。在合同执行过程中，创业者需要花费过多的时间和资源监督合作伙伴以确保合同协议的有效履行，当创业者与合作伙伴形成高度信任关系时，则可节约大量用于监督与核查的时间成本。举例来说，当创业者与供应商基于信任达成交易后，创业者高度相信供应商不会要求重新谈判价格，供应商也相信创业者会按期支付物资款项。

其次，信任能降低合作中关系的管理和维护成本，增强合作深度。创业者需要持续对网络关系进行维护与管理，以实现长期合作的目标。但在实际的协调沟通中，容易出现由于行为不确定性而导致双方意见的不一致甚至是完全相反，持信任态度的个体更有可能采取稳定关系的方式来理解对方模棱两可的行为。例如，信任水平高的创业者会相信对方与自己具有共同的创业绩效目标，因此会稳定关系，积极沟通，以此达到协调一致的解决方案（De Jong et al.，2016）。因此，信任可以避免冲突的发生，提高关系的可协调性，进而降低关系的维护成本（Zaheer et al.，1998；王永贵和刘菲，2019）。林丽和张建新（2002）通过对组织管理中信任进行剖析发现信任是一种在人际交往过程遇到两难情境时的决策，可增强组织凝聚力，进而降低组织运行和管理成本。

4. 制度补偿机制

制度是人为设计的约束，构成了人与人之间的互动基础，可划分为正式与非正式两种，其中正式制度包括正规化的法律、规则，相应的监管机构、公用事业等基础设施等；非正式制度包括信任、社会规范、习俗等。正式制度是创业活动重要的催化剂，但在发展中国家和转型经济体中，正式制度经常缺位导致的制度空隙（Institutional Voids）严重阻碍了创业活动（Khanna and Palepu，1997；Buchanan，2007）。例如，缺乏明确的产权阻碍了创业者从创业活动中获取价值的能力，并降低其投资于生产性资产的意愿（Khoury et al.，2014）。缺乏发达的基础设施会导致创业运营成本过高，削弱了创业积极性。信任作为一种非正式制度，是正式制度的有益补充，对创业活动具有深远影响（Sohn and Kwon，2018）。与正式制度不同的是，非正式制度通过引导人们的期望，确保他们在社会交往中具有更大的可预测性，从而塑造个人和组织的选择与行动。

首先，信任为制度框架的约束惩罚机制提供补充，可减少信息不对称时的机会主义行为。个体从事创业活动时常常面临不对称信息，这些不对称信息可能会造成创业者对外部环境的误判或延判，导致新创企业失败。此外，信息不对称还会导致欺诈和机会主义行为。而信任是遏制机会主义行为的有效机制。一方面，当交易双方存在信任时，将拥有共同的信念和承诺，这些信念可以协调利益，减少潜在的机会主义行为，并激励交易各方遵守并致力于实现共同目标（Poppo et al.，2016）。另一方面，信任将提高团队的凝聚力，持信任态度的成员会毫无保留地为团队做出贡献，因为他们坚信其他成员也会以类似方式行事（Yogo，2015）。Puffer等（2010）通过对比俄罗斯与中国的正式制度空隙后表明，信任等非正式制度的嵌入可以在一定程度上弥补创业者对正式制度的依赖。Kim和Li（2014）采用2002—2008年全球创业观察的数据分析发现信任可以显著减缓正规法律保护缺失对创业活动的负面影响。刘宝华等（2016）采用中国2000—2014年沪深两市非金融上市公司的数据研究表明，信任可以显著抑制管理层隐藏坏消息的机会主义行为，从而起到约束惩罚的作用。王书斌和徐盈之（2016）采用2007—2009年中国初创企业的数据分析发现，信任是防范道德风险和遏制投机行为的重要举措。

其次，信任可为正式制度的激励不足提供弥补。当正式制度完善时，创业中的创新成果可以得到有效的保护，创业者也可以利用这些创新成果获得超额利润，进一步激活创新意愿。当正式制度存在空隙或激励不足时，信任可以从中弥补。创业者对员工的信任可以很大程度上增加企业创新活动的发生概率（凌鸿程和孙怡龙，2019）。贡喆等（2017）通过综述心理学的文献表明信任对创造力具有普遍的积极促进作用。王艳和李善民（2017）通过1998—2014年间中国A股上市公司的样本分析发现，信任可以提高企业的并购绩效，起到非正式制度的激励作用。Ndubuisi（2019）采用20个OECD国家的数据验证表明信任可以减少道德风险，保护公司知识产权，从而促进企业在研发方面的投资。

（二）信任与农民创业选择决策

创业选择决策是指具有创业意愿的个体基于自身约束条件，对创业机会进行搜寻，对创业风险进行评估，对创业成本收益进行比较后的综合决策结果。但创业本身具有较大风险与收益不确定性，难以对其成本收益进行科学理性的计算。因此，从促进创业的角度来看，如何缓解自身约束条件、如何搜寻更多创业机会、如何提高风险抵御能力成为关键推动因素。聚焦潜在的农民创业群体，信息与知识搜寻能力水平低，抗风险能力差，与外界的协同合作能力不足等已成为学界普遍认同的客观事实。克服这些能力短板不仅仅需要农民个人的努力，更多地还需借助外部网络合作的力量。而信任作为人与人合作与协同互动的基础，可以在以下方面促进农民创业决策：

首先，信任减少不确定性促进信息流动从而增加农民进行创业的概率。创业本身的高不确定性会抑制农民群体的创业决策，而这种不确定性很大一部分来源于农民群体的信息与知识的不完备。信任可以促进不同类型群体之间的信息分享与交流，从而在一定程度上克服信息劣势。具体来说，信任水平高的农民更能接受其他农民与自己观点的不同，促进其与更多不同行业群体的交流互动，从而消弭"信息鸿沟"，减少不确定性，完善创业选择决策。与此同时，信任还可以增强农民之间的知识分享行为，使农民可以获取更多的技术知识、市场知识与管理知识。根据知识基础观的洞见，创业知识对于新创企业至关重要，不仅可以帮助农民创业者减少决策依据中的知识盲区，还可以提升农民分析判断当前市场环境与潜在创业机会的能力，促进创业选择决策。

其次，信任可以增加农民的心理安全感，提高风险容忍度与风险抵御能力，从而促进创业选择决策。中国的农民在做行为决策时多表现出厌恶风险的特征（Liu，2013）。创业自带的高风险属性致使农民会主动避开该种职业。而高水平的信任一方面可以提高个体的心理安全感，减少在承担风险时的消极影响，从而促进创业决策。举例来说，信任水平高的个体容易产生"遇到困难时会得到他人帮助"的积极心理预期，持有该预期的农民可能更愿意承担创业风险。另一方面信任还能使农民获得来自家庭的情感支持，该情感支持可增强个体的风险抵御能力，提高其进行创业选择的倾向（Ren et al.，2016）。具体来说，受信任双向传导机制的影响，较高的信任给予会使农民创业者家人和亲戚处于被信任、被依赖的"心理图式"中，该良性互动促进家人与亲戚甘愿给予情感上的支持，帮助创业者排除心中的疑虑，从而使其在面对创业选择时无后顾之忧。

最后，信任可以促进农民与其他主体的协同合作，从而提升创业决策的概率。创业作为一项系统工程，需要多个参与者的协同合作，农村地区的创业更是如此。而农民因长久以来习惯于自给自足的生产生活方式，以及受教育水平普遍偏低的限制，往往不具备很好的合作协调能力。信任作为一种降低交易成本的社会机制，可以很好地促进合作，减少农民与其他对象合作发生冲突的可能，增加了关系的可协调性（曾燕萍，2019；Poppo et al.，

2016）。因此信任还被比作"胶水"和"润滑剂"，不仅将创业合作网络粘连在一起，同时还保证了高效的合作（Anderson and Jack，2002）。综上所述，信任通过促进信息交流与知识分享缓解信息约束；通过获得心理安全感和情感支持增强农民风险抵御能力；通过提升协同合作程度等方式共同促进农民创业选择决策。

（三）信任与农民创业机会识别

一个优质的创业机会或想法可直接决定创业成功的概率。如前文所述，农民创业机会识别是指农民创业者在与环境的互动中，凭借自身对机会的感知与敏锐性，发现或识别出可用于开创新事业或创建新企业的恰当机会和有利通道。机会识别的经典理论认为影响创业机会识别的五大核心要素为警觉性、先前知识、社会网络、个人特质和机会类别（Ardichvili et al.，2003）。而信任可通过信息流动机制、风险抵御机制、合作协同机制对该五大核心要素产生直接或间接影响，进而促进创业机会识别。

首先，创业警觉性指创业者倾向于留意环境中关于主体、事件和行为方式的信息，对生产商和消费者的要求保持敏锐，譬如未满足的需求和兴趣，新颖的资源组合方式等，其本质上是一种心理活动（Gaglio and Katz，2001）。信任通过风险抵御机制促进创业者产生积极情绪，增进心理安全感，形成可信赖的期望，进而增强创业警觉性。

其次，先前知识和信息是创业机会识别的基础。对于农民创业者而言，受自身禀赋和区位条件限制，知识储备少、认知位势低，在面对急剧变化的市场环境时主要通过从外部获取知识以提高机会识别能力。信任通过信息流动机制，不仅能促进知识分享，减少知识隐藏行为，还可提高知识传递效率。此外，信任还能够加速隐性知识的交换，帮助创业者更好地理解和吸收隐性知识（Uzzi and Lancaster，2003）。

再次，机会类型本身对创业机会识别产生重要影响。为发展和振兴乡村地区和农业产业，党和国家经常运用政策工具刺激相关产业与区域发展，如《乡村振兴战略规划》《推动返乡入乡创业高质量发展意见》等。从机会的角度看，此类政策信息可衍生出诸多"政策导向型创业机会"（Dai et al.，2020）。农民创业者能否有一定程度的政策敏锐性来发现和识别此类创业机会主要取决于其制度信任水平，制度信任高的农民创业者更倾向于密切关注政府动向，主动留意产业政策，从而可领先于其他创业者识别出政策导向型机会。

最后，社会网络在创业机会识别中发挥促进作用。信任水平高的农民环境适应性较强，与不同类型群体进行沟通交流的意愿较高，有助于形成弱连接的社会网络，可有效减少信息搜寻与收集成本，因而可高效识别散布在市场各处的创业机会。此外，较高的信任水平使农民创业者对社会充满信心，对所创事业具有良好预期，这种积极的"心理图式"形成创业者识别创业机会的源动力。

（四）信任与农民创业资源获取

对于成熟企业而言，资源是核心优势。对于新创企业而言，资源是创业能否开始、事业能否存活的关键。农民创业因主体特征和所属地域的限制，对资源更加依赖。就现实情况而言，创业资金、劳动力和信息是农民创业活动最为稀缺的资源。信任可通过制度补偿机制、风险抵御机制、信息流动机制缓解农民创业资源约束，助力创业事业发展。

首先，资金匮乏被认为是农民创业面临的首要障碍（何婧和李庆海，2019；粟芳等，2019）。农民创业者在初创事业时由于"新生弱性（Liability of Newness）"和"小而弱性（Liability of Smallness）"，难以通过正式渠道获取创业资金。究其原因是创业投资作为一项高风险投资，正式制度框架发挥的作用有限。信任作为一种非正式制度，通过制度补偿机制可促进创业资金的获取。一方面，信任水平较高的农民创业者更容易获得来自家人和朋友的爱心资金。一项全球的创业者调查数据显示，创业初始资金中家庭成员的资助占比42%，朋友的支持占比30%（Timmons and Bygrave，1992）。另一方面，信任可以促进农村地区的资金互助行为（张培和王爱民，2017）。农户自发组织并形成资金互助社等非正式机构，对于缓解农村地区资金压力，满足农民创业者信贷需求起到不可替代的作用。信任包含约束惩罚功能，可减少信息不对称时的机会主义行为，从而保证资金互助的有效进行。此外，信任的程度和半径与天使投资的获得具有正相关关系（Ding et al.，2015）。嵌入在特定社会环境中的天使投资人可以通过信任的社会制裁功能来保护他们的投资利益。而且，投资人和创业者出现矛盾时，高水平的信任对于冲突解决具有积极作用。

其次，雇用劳动力成为农民创业者实现进一步发展的必然路径。农民创业虽然多为小规模自我雇用为主，但随着经营规模的扩大、业务量的增长，雇用劳动力是规避家庭风险、实现创业收入最大化的重要方式。农民创业者周边富余劳动力决定是否选择加入创业团队的依据不仅包括潜在的工资水平，还包括在工作中的满意度与被尊重程度。已有研究发现领导与员工之间的信任对员工的工作满意度有显著正向影响（段正梁等，2015）。因此，具有较高信任水平的农民创业者有更高的概率可以招募到所需的创业团队成员。此外，由风险抵御机制可知，信任较高的创业者具有更强的风险承担能力，也更愿意倾听和接受来自雇用员工的意见，这种包容的心态和做法可以使创业者在员工招募和管理方面获得较好的口碑，进一步有助于创业劳动力资源的获取。

最后，创业活动中信息资源的重要程度已得到学界的一致认同（Zenebe et al.，2018）。在农村地区，受外部信息获取渠道单一、获取方式传统及有效性低与自身受教育水平低、认知能力较弱等多方面因素的影响，农民在信息获取方面一直处于低水平状态。信任的信息流动机制可以提高不同群体之间信息流动的频率，提升信息交换的效率（周冬梅和鲁若愚，2011）。高信任水平的农民与其社会网络成员进行日常交流时，更愿意以慷慨的态度分享自己所了解的信息，在这种情境中，作为回馈，其他网络成员也同样会分享信息，使得信息在农民的社会网络中得以流动与交换。

（五）信任与农民创业绩效

农民创业绩效是农民创业者进行一系列创业活动后获得的业绩和效益。创业者在成功识别出有价值商机并搜集获取到创业所需资源后，紧接着就是生产产品或提供服务。在此过程中创业者不仅需要创业团队的合作，还需要进行持续的创业学习，完善生产流程、提高效率。而此时，信任可以通过信息流动机制、风险抵御机制、合作协同机制对农民创业绩效产生促进作用。

首先，知识基础观认为知识对于企业成长至关重要。所谓创业学习是指基于先前创业经验及外部信息搜集，通过意义建构形成独特创业知识，最终用于解决创业难题的过程（Politis，2005）。研究表明，创业学习对创业绩效的提升具有显著正向影响（Kropp et al.，2006；Wang，2008）。对于农民创业者而言创业学习更显重要，主要是由于农民创业者普遍面临受教育程度偏低、创业经验匮乏、认知水平不高等困境，创业学习成为农民创业者获取知识和经验、提升创业技能、促进创业绩效的重要渠道（张敬伟和裴雪婷，2018）。而信任的流动机制不仅可以通过调控信息与经验的沟通意愿影响创业学习，还可以通过改变信息与经验的采纳程度影响创业学习。

其次，创业实施的过程中具有更高的风险和不确定性。创业者只有以积极乐观的心态才能灵活应对。而信任的风险抵御机制能促进形成心理资本，为农民创业者提供强大内生动力。较高的情感信任也会给农民创业者提供更多来自家人和亲戚的支持（董静和赵策，2019）。

最后，信任的合作协同机制不仅减少了商业活动中的交易成本，还降低了创业团队管理中的关系维护成本，进而促进创业绩效的提升。具体来说，一方面，随着业务的发展与扩大，农民创业者需要拓展创业活动的空间范围，与市场中的其他群体展开合作，此时，信任水平较高的农民创业者更容易接受口头协议等非正式合同，为初创企业节约大量合同签订、谈判及监督成本，提高合作效率。另一方面，Gartner 四要素模型和 Timmons 创业过程模型均提出了创业团队的重要性。为实现创业健康长久的发展，创业者对于团队的管理及成员之间关系的维护也是一项重要内容。而信任可以减少冲突的发生，提高关系的可协调性，增强团队凝聚力，进而降低管护成本（王永贵和刘菲，2019）。

四、本章小结

本章在已有理论基础上，首先对本书中的核心概念——信任、农民创业、农民创业选择决策、农民创业机会识别、农民创业资源获取、农民创业绩效进行了内涵界定，明确了研究范畴。其次，以创业的不确定性为思考起点，结合信任的相关文献，归纳总结出信任影响创业行为的四大机制：信息流动机制，风险抵御机制，合作协同机制和制度补偿机制，并详细阐述了四大机制是如何在创业行为中发挥作用。最后，以创业过程理论为出发点，构建出信任影响不同阶段农民创业行为的统一分析框架，根据该理论框架逻辑推导可知，信任对农民创业选择决策、农民创业机会识别、农民创业资源获取与农民创业绩效均有正向影响。该分析框架为后续实证章节奠定理论基础。

第三章 信任与农民创业的现状分析

一、农民创业发展历程及扶持政策演变

农民创业的发展历程一直紧随着国家制度和方针的演变。1949—1978年，社会主义制度刚刚建立和完善，创业活动作为一种私营经济形式，因其资本主义制度属性而被明令禁止，农民创业激情在此时间段中被埋藏。

（一）创业萌芽阶段（1978—1991 年）

伴随着 1978 年党的十一届三中全会的召开，国家确定了将工作重心转移至经济建设与实行改革开放。由计划经济向市场经济转型的历史进程拉开了序幕，创业激情得以释放，全国范围内的创业活动开始萌发。4 年后（1982年），中央第一个关于农村的 1 号文件出台，明确了家庭联产承包责任制的合理性和地位，鼓励农民发展多种经营，自此，农民创业活动正式兴起。但因当时资源极其匮乏，农民创业活动以技术水平低、创业规模小的农家作坊为基本单元，且生产内容以农副产品加工和纺织等传统手工业为主。随后，1984年国务院发布《关于开创社队企业新局面的报告》，将"社队企业"更名为"乡镇企业"，乡镇企业兴起成为该阶段农民创业活动的另一个典型特征。由于克服了手工作坊小而散的不足，生产技术得到大幅提高，产品质量也得到进一步提高。然而，由于对非公有制经济属性的质疑和争论不断，该阶段后期农民创业活动的发展速度缓慢，破除观念的束缚成为农民创业活动成长的关键。

（二）探索成长阶段（1992—2006 年）

为回答长期束缚人们思想的重大认识问题，邓小平同志于 1992 年在视

察武昌、深圳、珠海、上海等地后发出了解放思想、实事求是的宣言，改革开放进入新阶段。新一轮的改革开放热潮也为农民创业送来新活力，农民创业活动朝着多元化趋势发展，个体创业开始缓慢成长。1997年党的第十五次全国代表大会召开，进一步提高了私营经济和个体经济的地位，1999年《中华人民共和国个人独资企业法》的颁布显著降低了农民自主创业的门槛。与此同时，一系列的创业支持政策同样使得乡镇企业得到快速发展，尤其是长三角和珠三角地区，逐渐形成乡村产业集聚趋势。该显著变化侧面推动了城镇化进程，使得城市范围不断扩张，乡镇企业摇身一变成为城镇企业。传统农村地区的富余劳动力向这些地区流动，形成了农民打工潮。随着农村劳动力的净流出，农村地区个体创业活动的发展受到很大限制，农村继续凋敝，社会矛盾不断凸显。在此背景下，农民创业继续进行着探索和缓慢成长。

（三）返乡创业阶段（2007—2014年）

随着"三农"问题的日渐突出，城乡收入差距的不断扩大，"城乡统筹发展"的思路被提出，在此背景下，中央于2005年提出了"建设社会主义新农村"的发展方向，2007年中央1号文件更是明确了"采取各类支持政策，鼓励外出务工农民带技术、带资金回乡创业"的思路。在后续的中央1号文件中，鼓励并支持农民工返乡创业的政策方针被不断强调和重申，农民创业进入返乡创业阶段。此外，2008年的国际次贷危机加速了农民工返乡创业进程。受金融危机的影响，中国的外贸出口大幅削减，曾大量吸纳劳动力、以劳动密集型为主的外贸加工企业纷纷倒闭，失业的农民工被迫返乡，而这些群体已成为农民创业的主力军。与之前农村地区个体创业不同的是，经历过一轮打工潮的农民工群体，知识和技能得到显著增加，社会网络和经验也得以提升，加之离乡漂泊的心理依恋，建设家乡的迫切心情，创业激情得到大幅提升，创业发生率显著提高。

（四）蓬勃发展阶段（2015年至今）

世界经济论坛2014年新领军者年会上，李克强同志首次提出"大众创业、万众创新"，在960多万平方公里的土地上掀起创新创业新浪潮。自此农民创业进入了新的发展阶段。现阶段的农民创业具有如下特点：一是农民创业内容多元化，传统农民创业内容以农业生产、传统手工加工业为主，随着生活水平的提高和对美好乡村生活的憧憬，新阶段的农民创业内容还包括乡村旅游、农家乐、休闲观光、水果采摘等多功能立体农业。二是农民创业主体多样化，传统农民创业的主体以农村能人为主，而新阶段的农民创业主体除了返乡农民工，还有返乡大学生、退伍军人、城镇失业人员等群体，这些创业主体具有更丰富的管理经验和更现代的专业技术。2015 年至今主要的中国农民创业扶持政策内容梳理见表 3-1。

表 3-1　2015 年至今中国农民创业扶持政策演变

日期	部门	文件名称	主要内容
2015 年 6 月	国务院	关于大力推进大众创业万众创新若干政策措施的意见	支持返乡创业集聚发展。结合城乡区域特点，建立有市场竞争力的协作创业模式，形成各具特色的返乡人员创业联盟。引导返乡创业人员融入特色专业市场，打造具有区域特点的创业集群和优势产业集群。深入实施农村青年创业富民行动，支持返乡创业人员因地制宜围绕休闲农业、农产品深加工、乡村旅游、农村服务业等开展创业，完善家庭农场等新型农业经营主体发展环境
2016 年 11 月	国务院办公厅	关于支持返乡下乡人员创业创新促进农村一二三产业融合发展的意见	突出重点领域，重点发展规模种养业、特色农业、设施农业等农业生产经营模式；丰富创业创新方式，创办领办家庭农场林场、农民合作社、农业企业、农业社会化服务组织等新型农业经营主体；推进农村产业融合，引导返乡下乡人员按照全产业链、全价值链的现代产业组织方式开展创业创新
2017 年 4 月	国务院	做好当前和今后一段时期就业创业工作的意见	促进农民工返乡创业，大力发展农民合作社、种养大户、家庭农场、建筑业小微作业企业、"扶贫车间"等生产经营主体；适应新生代农民工就业创业特点，推进职业培训对新生代农民工全覆盖，创新培训内容和方式
2018 年 9 月	国务院	关于推动创新创业高质量发展打造"双创"升级版的意见	健全农民工返乡创业服务体系。深入推进农民工返乡创业试点工作，推出一批农民工返乡创业示范县和农村创新创业典型县。进一步发挥创业担保贷款政策的作用，鼓励金融机构按照市场化、商业可持续原则对农村"双创"园区（基地）和公共服务平台等提供金融服务。安排一定比例年度土地利用计划，专项支持农村新产业新业态和产业融合发展
2019 年 12 月	人力资源和社会保障部	关于进一步推动返乡入乡创业工作的意见	加大政策支持，落实创业扶持政策、创业担保贷款政策；提升创业培训，扩大培训规模、提升培训质量、落实培训补贴；优化创业服务，提升服务能力、强化载体服务等

（续）

日期	部门	文件名称	主要内容
2020 年 1 月	国家发展改革委等 19 部委	关于推动返乡入乡创业高质量发展的意见	深化"放管服"改革，优化返乡入乡创业营商环境；加大财税政策支持，降低返乡入乡创业生产经营成本；创新金融服务，缓解返乡入乡创业融资难题；健全用地支持政策，保障返乡入乡创业生产经营空间；优化人力资源，增强返乡入乡创业发展动力；完善配套设施和服务，强化返乡入乡创业基础支撑

注：根据相关政策文件整理。

二、农民创业测度与特征分析

（一）创业选择决策的特征分析

1. 基于全国层面的数据分析

从农村地区创业活动历史趋势看。以创业率为衡量指标，图 3－1 给出了 1990—2016 年农村地区的创业率变化。其中农村地区个体创业率由 1990 年的 3.13% 增长至 2016 年的 11.71%，特别是 2007 年农民工返乡创业以来，创业率呈显著上升趋势。私营企业创业率由 1990 年的 0.24% 增长至 2016 年的 16.35%，呈现持续上涨趋势，表明自 1984 年国家正式承认乡镇企业以来，乡镇企业一直处于较好的发展态势。

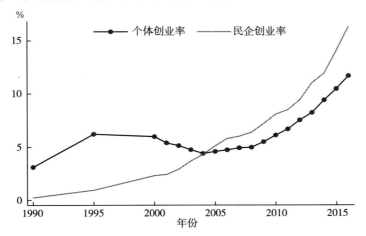

图 3－1　1990—2016 年中国农村地区创业活动发展趋势

数据来源：《中国统计年鉴》（1990—2007）。

从农村地区创业活动的区域特征看，以个体创业率为衡量指标，表3-2给出了2018年全国25个省份的农民创业率情况。整体来看，全国各省份平均农民创业率为8.20%。其中，2018年创业率排名前三的省份为：浙江省、福建省和湖南省。有8个省份的创业率超过10%。由此表明，农民创业率在各省份之间呈现出较为明显的区域差异。

表3-2 全国农民创业率区域比较（2018年）

省份	随机抽样数	创业样本数	创业率（%）
浙江省	207	48	23.19
福建省	137	23	16.79
湖南省	162	26	16.05
安徽省	139	18	12.95
江苏省	116	15	12.93
广东省	770	97	12.60
河南省	1 157	129	11.15
河北省	730	75	10.27
黑龙江省	125	12	9.60
重庆市	75	7	9.33
山西省	564	45	7.98
吉林省	197	15	7.61
天津市	41	3	7.32
贵州省	407	28	6.88
辽宁省	883	60	6.80
北京市	30	2	6.67
湖北省	108	7	6.48
四川省	637	40	6.28
甘肃省	1 965	117	5.95
江西省	275	15	5.45
广西壮族自治区	255	12	4.71
陕西省	217	10	4.61

（续）

省份	随机抽样数	创业样本数	创业率（%）
云南省	552	23	4.17
山东省	527	21	3.98
上海市	100	3	3.00
全国	10 376	851	8.20

注：数据整理自 2018 年中国家庭追踪调查（CFPS），海南省、西藏自治区、内蒙古自治区、青海省、宁夏回族自治区、新疆维吾尔自治区等 6 个地区的农村抽样数小于 10，故略去。

2. 基于课题组调查的数据分析

根据课题组于 2017 年和 2019 年在浙江、安徽、陕西、河南等地收集的 890 份农民创业的调查数据，从微观层面对农民创业选择决策进行描述分析。

（1）创业动机。创业动机是农民个体层面决定从事创业活动的动力和前提。图 3-2 展示了农民创业动机的类别百分比情况。从首要动机看，29.41% 的样本创业是为了谋生或解决温饱问题，表明现阶段生存型农民创业占比较高。18.63% 的样本是为了追求富裕的生活而创业，占比排名第三的动机为带领乡亲们致富，百分比为 13.92%。从次要动机看，除了追求富裕生活外，实现自我价值成为重要的创业动机之一。

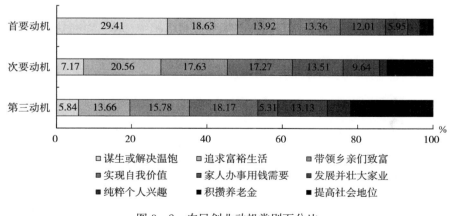

图 3-2　农民创业动机类别百分比

（2）创业行业。根据农民创业的实际内容，首先将行业归纳为四大类：

种植业、养殖业、服务业和加工业，在此基础上将行业进一步细分成特色种植业、普通种植业、特色养殖业、普通养殖业、生产服务业、销售服务业、农产品加工业、工业品加工业等。图3-3给出了农民创业所属行业的占比情况。从图中可知，农民创业占比最多的三个行业是特色种植业、普通种植业、普通养殖业，占比分别为27.85％、18.12％、11.30％，表明目前农民创业的主要内容依然围绕着农业生产。

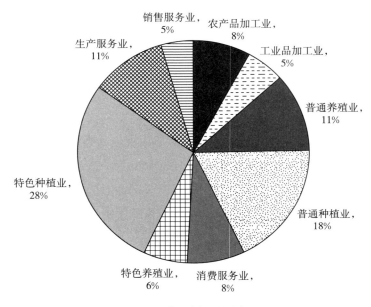

图3-3　农民创业所属行业

（二）创业机会识别的特征分析

1. 农民创业机会识别的测度

已有研究对于机会识别的测量主要包括单一指标测量和量表测量两种方法。

（1）单一指标测量。单一指标测量法是指通过询问受访者单一的机会识别相关问题来衡量。一部分学者使用"是否识别过创业机会和项目""过去有无发现过创业机会"等回答"是、否"的二元选择问题（蒋剑勇等，2014；杨学儒和邹宝玲，2018）。另一部分学者采用问询"识别出创业机会的数量"，通过计数来测量（Ucbasaran et al.，2009；Gruber et al.，2012）。综合两种方式来看，问询机会识别的数量不仅可以获取创业者是否识别出创业机会的信息，还可以评估创业者对机会识别的程度，因此本书采用询问创业机会识别数量的方式，具体问题如"过去 5 年里，发现或想到创业机会（创业点子）的数量（个）"。

（2）量表题项测量。梳理已有文献可以发现管理学研究和创业学相关研究中学者们更倾向于使用设计量表的方式对机会识别进行多维衡量，但鉴于目前创业机会识别量表尚未在农民创业者对象上达成共识，因此本书在已有机会识别量表的基础上，结合农民创业者的特征，编制农民创业机会识别的测量题项，具体题项内容和文献来源如表 3-3 所示。

表 3-3　农民创业机会识别测量题项及来源

测量指标题项	参考文献来源
即使对某行业没有经验，我也能对其中创业机会具有较好判断力	
花费较多时间和精力寻找能为顾客带来价值的产品或服务	
能够有效识别消费者需要的产品或服务	Ozgen 和 Baron（2007）；Grégoire 等（2009）；蔡莉等（2014）；张秀娥等（2017）
我重视从政府文件或新闻报道中获得行业信息	
我具备灵活的适应能力，能快速地对机会进行取舍	
提出的创业机会方案可用于解决目标市场的需求	
由创业机会所带来的产品或服务能够持续带来利润	

注：表中所有题项均采用 Likert 五点测量（"非常不同意＝1，比较不同意＝2，不确定＝3，比较同意＝4，非常同意＝5"）。

（3）测量题项的探索性因子分析。本书对初步设计的量表题项进行探索性因子分析以确定最终的量表结构，探索性因子分析结果如表 3-4 所示。从表中诊断结果可知，总共 7 个题项因子分析的 KMO 值为 0.830，大于建议值 0.7；Bartlett 球形卡方检验的 P 值小于 0.01，因此可以判断出量表适合做探索性因子分析。随后采取主成分的因子抽取方法，设置特征根为 1，经过最大方差法对因子进行旋转，最终获得旋转后的因子载荷。依据因子载荷为 0.5 的参考标准，剔除"我具备灵活的适应能力，能快速地对机会进行取舍""提出的创业机会方案可用于解决目标市场的需求""由创业机会所带来的产品或服务能够持续带来利润"等 3 个题项。对删除题项后的量表再次进行探索性因子分析，结果显示 KMO 为 0.781（大于 0.7），Bartlett 球形卡方检验的 P 值小于 0.01，表明精简后的量表可以运用因子分析，同时，剩余 4 个题项的因子载荷均在 0.5 以上，说明量表具有一定科学性。

表 3 - 4 农民创业机会识别题项的探索性因子分析结果

农民创业机会识别测量题项	初始量表	删减后量表
O11. 即使对某行业没有经验，我也对其中创业机会具有较好判断力	0.729	0.760
O12. 花费较多时间和精力寻找能为顾客带来价值的产品或服务	0.740	0.750
O13. 能够有效识别消费者需要的产品或服务	0.752	0.797
O14. 我重视从政府文件或新闻报道中获得行业信息	0.798	0.839
O15. 我具备灵活的适应能力，能快速地对机会进行取舍	0.498	—
O16. 提出的创业机会方案可用于解决目标市场的需求	0.488	—
O17. 由创业机会所带来的产品或服务能够持续带来利润	0.393	—
Kaiser - Meyer - Olkin（KMO）度量	0.830	0.781
Bartlett 球形度卡方检验	1 346.393***	1 044.344***

注：表中为旋转后因子载荷，计算结果来自 Stata15 软件 factortest、factor 等命令，*** 表示在 1%的统计水平上显著。

（4）量表的信效度检验。为进一步评估农民创业机会识别量表的准确性和可靠性，本书采用多种信度效度指标进行评价。

①信度方面，研究通常采用内部一致性系数（Cronbach's Alpha）和组成信度（Composite Reliability，简称 CR）作为衡量标准。具体计算公式如下：

$$\text{Cronbach's } \alpha = \left(\frac{n}{n-1}\right)\left[1 - \frac{\sum_{i=1}^{n}\sigma_{y_i}^2}{\sigma_x^2}\right] \qquad (3-1)$$

$$CR = \frac{\left(\sum\lambda\right)^2}{\left(\sum\lambda\right)^2 + \left(\sum e\right)} \qquad (3-2)$$

式（3-1）中，n 为测量题项的个数，$\sigma_{y_i}^2$ 为第 i 个题项的方差，σ_x^2 为可观测总分的方差。式（3-2）中，λ 为因子载荷（验证性因子分析计算所得），e 为各测量题项的测量误差。内部一致性系数 α 越高表明信度越好。Chin（1998）建议 Cronbach's α 的理想值为 0.7。组成信度 CR 为所有测量题项信度的组合，与 Cronbach's α 一样用于评价内部一致性，Hair（1997）建议可接受的门槛值为 0.7，Fornell 和 Larcker（1981）则指出 0.6 为建议值。

②效度方面，通常采用因子载荷（Factor Loading）和平均方差抽取量（Average Variance Extracted，简称 AVE）来衡量。具体计算公式如下：

$$AVE = \frac{\sum \lambda^2}{\sum \lambda^2 + \sum e} \qquad (3-3)$$

式（3-3）中，λ 为因子载荷（验证性因子分析计算所得），e 为各测量题项的测量误差。验证性因子分析所得因子载荷是对题项效度评价最直观的指标，经验认为标准化后的因子载荷不能低于 0.5（Hair，2014）。平均方差抽取量（AVE）又称收敛效度，为潜变量测量题项的变异数解释力。平均方差抽取量越高，说明测量收敛效度越好。Fornell 和 Larcker（1981）提出理想值为 0.5，0.36～0.5 为可接受的门槛值。

本书采用验证性因子分析对量表进行统计分析，根据结果计算信效度，最终结果如表 3-5 所示。首先，信度方面。内部一致性系数为 0.798，大于参考值 0.7；组成信度方面 CR 值为 0.801，大于建议值 0.7，因此可以认为该量表信度满足分析要求。其次，效度方面。标准化因子载荷均大于0.5，且收敛效度 AVE 为 0.504 大于理想值 0.5，可以断定量表的效度符合要求。综上所述，农民创业机会识别的量表具有较好的信效度。

表 3-5　创业机会识别量表的信效度检验结果

潜变量	题项	标准化因子载荷	标准误	Z 值	P 值	组成信度 CR	收敛效度 AVE	内部一致性系数 Cronbach's alpha
创业机会识别	O11	0.646	0.024	26.397	***	0.801	0.504	0.798
	O12	0.630	0.025	25.158	***			
	O13	0.726	0.021	33.993	***			
	O14	0.821	0.019	43.051	***			

注：计算结果来自 Stata15 软件"sem"等命令，*** 表示在 1%的统计水平上显著。

2. 农民创业机会识别的特征分析

（1）农民创业机会识别数量的现状分析。农民识别的创业机会数量是创业精神的重要表征，图 3-4 报告了农民创业机会识别数量的总体情况，横坐标为农民创业识别出的机会数量，纵坐标为百分比。从图中可知，只识别出单一机会的农民创业者占比 36.35％，识别出 2 个和 3 个创业机会的农民

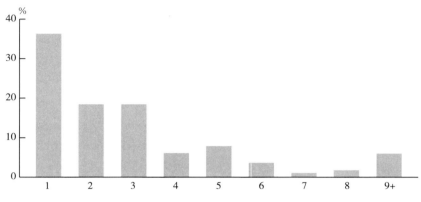

图 3-4　农民创业机会识别数量
数据来源：根据调研数据整理。

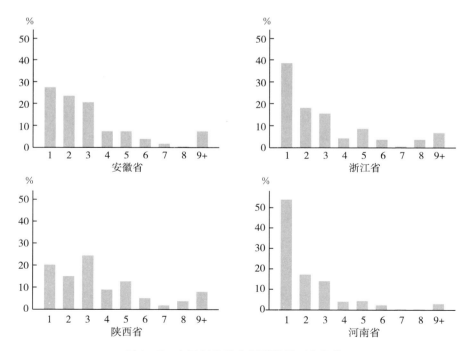

图 3-5　农民创业机会识别数量（分省份）
数据来源：根据调研数据整理。

创业者占比分别是 18.46%、18.45%，识别创业机会 3 个以内的农民创业者占比达到 73.26%。识别出 9 个及以上的农民创业者占比 5.92%。总体来说，农民创业者以识别出单个机会为主，绝大多数创业者识别的机会数量在 3 个以内。

分省份看，河南省只识别 1 个创业机会的农民创业者占比 53.95%，居于首位；陕西省识别 1 个创业机会的农民创业者占比 20.19%，居于末尾，但陕西省识别出 3 个机会的农民创业者样本占比 24.41%，居四省之首。从总体分布看，安徽省、浙江省、河南省中，随着识别创业机会数量的增加，农民创业者所占样本的比例逐渐减少（图 3-5）。

分行业看，加工业和种植业识别 1 个创业机会的农民创业者样本占比达 40% 以上；养殖业和服务业识别 2 个及以上创业机会的样本占比更大。其中，养殖业发现并识别 2 个、3 个创业机会的农民创业者占比分别是 19.87%、21.79%，均居于首位。由此可知，养殖业与服务业具有更多可被发现并识别的创业机会，加工业和种植业的创业机会的形式和数量比较单一（图 3-6）。

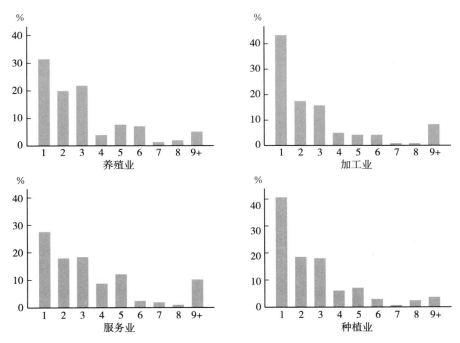

图 3-6　农民创业机会识别数量（分行业）

数据来源：根据调研数据整理。

（2）基于量表的创业机会识别现状分析。根据农民创业机会识别的量表设计部分可知，本书所用量表具有较高信效度，借鉴温忠麟等（2012）关于量表处理的方法论述，对农民创业机会识别量表中4个题项的变量值进行算数平均，以获得创业机会识别的量表分（scale score）。表3-6报告了分省份与分行业的农民创业机会识别的基本情况。总体来看，农民创业者的机会识别量表分最大值为5，最小值为1，均值为4.012，处于较高水平。分省份看，陕西省和安徽省农民创业机会识别的均值大于全样本均值，且陕西省的农民创业机会识别均值最大，而浙江省、河南省的农民创业机会识别均值分别为3.846、3.974，略低于全样本均值水平。分行业看，4个创业行业的农民创业机会识别均值差异较小，安徽省样本中种植业的农民机会识别分值最大，浙江省样本中养殖业的机会识别分值最大，陕西省加工业的机会识别分值最大，河南省养殖业的机会识别分值最大。整体而言，农民创业机会识别水平呈现区域性和行业性差异的特征，表明结合区域特征和行业特征有针对性地提高农民创业机会识别能力具有一定的现实意义。

表3-6　创业机会识别总体及分行业描述性统计

分区域	统计量	总计	分行业			
			养殖业	加工业	服务业	种植业
全样本	均值	4.012	3.995	3.901	3.982	4.066
	标准差	0.702	0.739	0.762	0.734	0.649
	最小值	1	1	1	1	1
	最大值	5	5	5	5	5
安徽省	均值	4.074	4.064	3.963	3.977	4.132
	标准差	0.664	0.693	0.680	0.855	0.603
浙江省	均值	3.846	4.056	3.835	3.689	3.964
	标准差	0.657	0.628	0.610	0.725	0.596
陕西省	均值	4.119	3.775	4.650	4.129	4.250
	标准差	0.666	0.742	0.379	0.688	0.538
河南省	均值	3.974	4.090	3.819	4.037	3.966
	标准差	0.762	0.826	0.976	0.690	0.713

注：表中数据为调查数据的量表题项计算所得。

（三）创业资源获取的特征分析

1. 创业资金资源的渠道

资金是农民创业的核心资源，是创业活动能否落地的关键。通过实地调查可知，农户获取资金的渠道包括个人自有积蓄、亲朋好友资助、社会关系（或合作伙伴）资助、银行贷款、民间信贷及政府扶持。样本资金来源渠道占比如图 3-7 和图 3-8 所示。

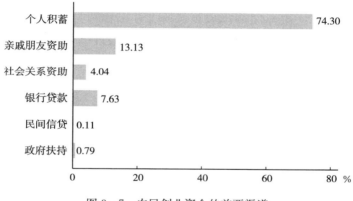

图 3-7　农民创业资金的首要渠道
数据来源：根据调研数据整理。

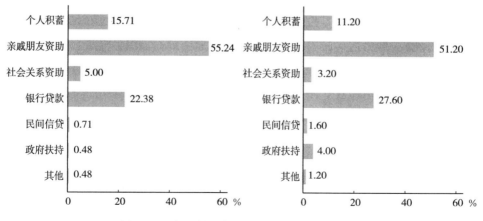

图 3-8　农民创业资金的次要渠道和第三渠道
数据来源：根据调研数据整理。

从首要渠道来看，个人自有积蓄占比最大为74.30％，随后是亲戚朋友资助、银行贷款、社会关系资助，占比分别为13.13％、7.63％、4.04％，这4种渠道占据农民创业资金来源的99％。统计数据结果表明，目前大部分农民创业者的首要资金来源渠道为个人和家庭储蓄或资产。

从次要渠道要看，农民创业者资金来源渠道的重要性依次为亲戚朋友资助、银行贷款、个人积蓄及社会关系资助，占比分别为55.24％、22.38％、15.71％、5.00％。由此可知，来自亲戚朋友的借款或资助同样对创业起到重要作用。从图中资金的第三渠道来看，占比较高的资金渠道包括亲戚朋友资助、银行贷款、个人储蓄及政府扶持，占比分别为51.20％、27.60％、11.20％、4.00％。从中可以发现，政府扶持在农民创业资金获取中也发挥着一定影响。综上所述，农民创业资金获取渠道的重要排序为：个人积蓄＞亲朋好友＞银行贷款＞社会关系＞政府扶持＞民间信贷。与此同时，在实地调研农民创业者"目前创业遇到的最大困难"问题中，52.17％受访者回答的是"资金不足"。由此可知，依靠自有积蓄的传统创业资金获取方式已经不能满足现实的农民创业发展需要，农民创业者应拓宽资金获取渠道，缓解当前资金压力。

2. 创业信息资源的渠道

有效获取创业信息是农民创业者应对不断变化的外部环境与及时调整战略方针的重要前提。但是在农村地区，受外部信息获取渠道单一、获取方式传统及有效性低与自身受教育水平低、认知能力较弱等多方面因素的影响，农民在信息获取方面一直处于低水平状态。通过问卷调查发现农民创业者主要获取信息的渠道包括：家人亲戚、朋友熟人、邻居村民、村级干部及地方政府等。详细渠道占比如图3-9和图3-10所示。

从信息获取的首要渠道来看，57.45％的农民创业者从家人亲戚渠道获取信息，26.16％的样本从朋友熟人处获取信息，9.93％的创业者从地方政府部门获取信息，占比最低的来源渠道为村级干部和邻居村民，分别占比5.30和1.16％。描述性统计结果表明农民创业者的信息渠道呈现来源单一、以家庭圈为主的特征；其他信息获取方式利用率较低。因此，加大信息传播力度、拓宽信息获取渠道有助于提高农民创业者信息获取能力。

从农民创业者信息的次要渠道和第三渠道来看，依然是以家人亲戚和朋

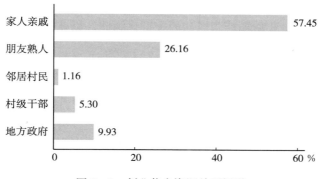

图 3-9 创业信息资源首要渠道
数据来源：根据调研数据整理。

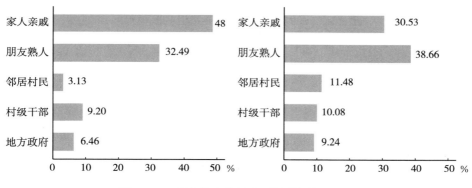

图 3-10 创业信息资源次要渠道与第三渠道
数据来源：根据调研数据整理。

友熟人为主要信息来源，两者合计占比超过 60%。村级干部和地方政府部门也在一定程度上起到供给信息的作用。

（四）农民创业绩效的特征分析

1. 农民创业绩效的测度

（1）客观财务指标。对于企业的绩效来说，最客观且准确的衡量方式当属财务指标，因此，一部分文献采用了此种衡量方式，例如赵德昭（2016）采用企业利润对农民创业绩效进行衡量。李长生和黄季焜（2020）采用过去5年创业总利润与总投资额的比例来测度农民创业绩效。由于创业的"新生弱性"，处于初创期的企业尚未形成稳定的财务系统，同时创业初期很多无形的成果难以通过财务手段进行量化，例如品牌的建设、声誉的打造，这些重要的环节均是企业后期能否成功的关键，因此在创业领域的绩效研究中出现了主观量表的测量方法。

（2）主观量表测量。如前文所述，创业企业的财务绩效难以计算并获得，聚焦农民创业领域更是如此，农民创业者通常身兼数职，独自面对创业艰辛已属不易，早期投入又很难计量，因此多数学者选择采用主观量表的测量方式（Guo et al.，2014；Wu et al.，2019）。本书在梳理已有文献的基础上，结合调研对象的特殊属性，将农民创业绩效划分为生存绩效、个人绩效和成长绩效 3 个子维度，同时编制农民创业绩效的测量量表，详细题项如表 3 - 7 所示。

表 3 - 7　农民创业绩效的测量题项及文献来源

子维度	测量指标题项	参考文献
生存绩效	我所创事业整体运营情况良好 我所创事业销售情况良好 我所创事业盈利情况良好	Justin Tan 和 Litsschert（1994）； Zhao 等（2011）； Stam 等（2014）； 刘畅等（2015）
个人绩效	我所创事业的总体满意度较高 我实现了当初创业前设想的目标 我对实现我的奋斗目标而获得的成就感到满意	
成长绩效	目前的生意销售收入增长比同行更快 目前的生意盈利水平增长比同行更快 目前的生意市场份额增长比同行更快	

注：表中所有题项均采用 Likert 五点测量（"非常不同意＝1，比较不同意＝2，中立＝3，比较同意＝4，非常同意＝5"）。

（3）测量题项的探索性因子分析。本研究对初步设计的量表题项进行探索性因子分析以确定最终的量表结构，探索性因子分析结果如表 3 - 8 所示。从表中的因子分析诊断结果可知，KMO 度量值为 0.865，大于参考值 0.7；Bartlett 球形卡方检验的 P 值小于 0.01，因此可以认为量表适合运用探索性因子分析。进一步，采用主成分的提取方法并运用最大方差法进行因子旋转，最终得到 3 个公因子，从表中旋转后的因子载荷系数可知各题项所在的维度符合量表设计预期，且因子载荷均大于 0.5 的参考标准，由此可知本书的农民创业绩效量表符合基本设计要求。

表3-8　农民创业绩效量表的探索性因子分析结果

农民创业绩效的测量题项	旋转后因子载荷		
	因子1	因子2	因子3
PG1. 我所创事业整体运营情况良好	0.104	**0.756**	0.290
PG2. 我所创事业销售情况良好	0.165	**0.850**	0.116
PG3. 我所创事业盈利情况良好	0.311	**0.746**	0.160
PS1. 我所创事业的总体满意度较高	0.400	0.167	**0.613**
PS2. 我实现了当初创业前设想的目标	0.274	0.378	**0.629**
PS3. 我对实现我的奋斗目标而获得的成就感到满意	0.132	0.139	**0.825**
PR1. 目前的生意销售收入增长比同行更快	**0.858**	0.230	0.241
PR2. 目前的生意盈利水平增长比同行更快	**0.888**	0.233	0.189
PR3. 目前的生意市场份额增长比同行更快	**0.837**	0.150	0.249
Kaiser - Meyer - Olkin（KMO）度量		0.865	
Bartlett 球形度卡方检验			3 871.542***

注：提取方法为主成分分析法，因子旋转为最大方差法，*** 表示在1%的统计水平上显著。

（4）量表的信效度检验。本书采用验证性因子分析（CFA）对农民创业绩效量表进行统计分析，根据结果评估量表信效度，结果详见表3-9。信度方面，不管是分维度还是总和的创业绩效量表的内部一致性系数均大于门槛值0.7；类似地，分维度与总和的创业绩效组成信度也都接近或大于参考值0.7。效度方面，各题项的标准化因子载荷均大于0.5，且收敛效度除个人绩效维度为可接受水平外，其余部分均达到理想水平。综上所述，农民创业绩效量表达到了信效度的分析要求。

表3-9　农民创业绩效信效度检验结果

指标	标准化因子载荷	标准误	Z 值	P 值	组成信度 CR	收敛效度 AVE	内部一致性系数 Cronbach's alpha
PG1	0.694	0.023	30.230	***			
PG2	0.754	0.021	36.360	***	0.780	0.542	0.778
PG3	0.758	0.021	36.410	***			

（续）

指标	标准化因子载荷	标准误	Z 值	P 值	组成信度	收敛效度	内部一致性系数
					CR	AVE	Cronbach's alpha
PS1	0.654	0.025	26.330	***			
PS2	0.727	0.023	31.720	***	0.686	0.424	0.680
PS3	0.562	0.028	20.170	***			
PR1	0.908	0.009	103.340	***			
PR2	0.924	0.008	112.500	***	0.910	0.771	0.908
PR3	0.797	0.014	57.460	***			
农民创业绩效量表整体信效度					0.946	0.618	0.861

注：计算结果来自 Stata15 软件"sem"等命令，*** 表示在 1% 的统计水平上显著。

2. 农民创业绩效的特征分析

（1）创业销售收入。农民创业的销售收入是衡量创业绩效的最直观指标，实地调查发现创业销售收入因创业类型和内容的不同差异巨大，详细的描述性统计结果如图 3-11 所示。从图中可以看出，年销售收入占比最大的类别为 20 万～50 万元，占到总样本的 21.44%，排名第二的是 50 万～100 万元类，占比 18.40%，随后是 10 万～20 万元类，占比 11.63%，占样本比例最小的是 2 万～5 万元。

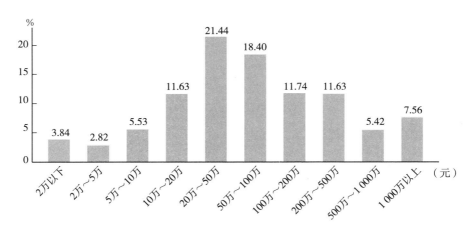

图 3-11　创业全年销售总收入占比分类

数据来源：根据调研数据整理。

分省份看，20 万～50 万元销售类别在 3 个省份中占比均为最高（除浙江省），百分比依次为安徽省 24.67％、陕西省 27.83％、河南省 18.79％；安徽省样本中 1 000 万元以上销售收入的占比最高，为 11.45％；浙江省 100 万及以上销售收入的样本占比为 52.83％，居四省之首；河南省 100 万及以下销售收入的样本占比达到 71.18％，由此可推断，浙江省农民创业以中大型规模为主，河南省农民创业以小规模为主（图 3-12）。

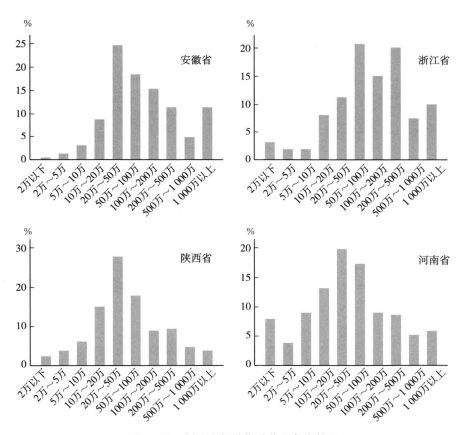

图 3-12　创业全年销售总收入各省情况
数据来源：根据调研数据整理。

（2）农民创业纯利润。创业纯利润是指扣除成本和人工费用后的净收益，通常而言，农民创业项目的异质性较大导致纯利润具有较大方差，因此该指标只可作为衡量农民创业绩效的一个重要参考，且以考察分位数为主。图 3-13 汇报了样本创业全年纯利润的分布情况，箱线图中已剔除超过上限的样本值。总体来看，农民创业者的年均纯利润中位数为 12 万元，最高值达到 98 万元。分省份看，浙江省年均纯利润中位数为 20 万居于首位，远超全样本中位数；安徽省年均纯利润中位数为 15 万元位于第二；陕西省、河南省年均纯利润中位数分别为 10 万元、6.75 万元，低于全样本中位数。分创业行业看，加工业的纯利润中位数最高，达到 20 万元；其次是养殖业为 15 万元；服务业和种植业最后均为 10 万元。由此可见，农民创业类别中的加工业具有很好的发展前景。

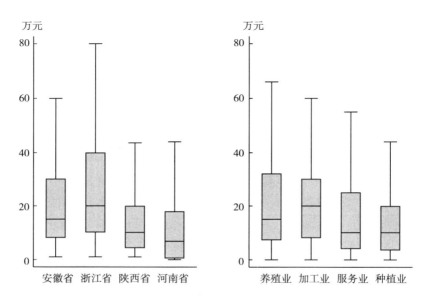

图 3-13　创业全年纯利润分省与分行业情况
数据来源：根据调研数据整理（已排除箱式图外部值）。

（3）基于创业绩效量表的特征分析。根据前文分析本书所用农民创业绩效量表具有较高信效度，因此可以对量表进行算术平均处理以获得创业绩效的综合量表得分。表 3-10 汇报了分区域和分维度的农民创业绩效量表得分描述性统计情况。总体来看，量表总分 3.578（标准差 0.678），处于中上水平。分维度看，生存绩效值最大为 3.896，个人绩效次之为 3.582，成长绩效最小为 3.255，与此同时，生存绩效值的波动最小，成长绩效的波动最大。分省份看，安徽省的农民创业绩效值最大为 3.669，超过全样本平均水平，随后依次是河南省、浙江省、陕西省。在各个省内也可以观察到生存绩效普遍大于个人绩效，个人绩效大于成长绩效的特征。由此可见，农民创业绩效表现出一定的区域差异性，该结果为各省结合区域特征制定增强农民创业绩效的政策方案提供了依据。

表 3 - 10　农民创业绩效分维度分省份描述性统计

分区域	统计量	创业绩效（总）	分维度		
			生存绩效	个人绩效	成长绩效
全样本	均值	3.578	3.896	3.582	3.255
	标准差	0.678	0.661	0.843	0.931
	最小值	1	1	1	1
	最大值	5	5	5	5
安徽省	均值	3.669	3.988	3.689	3.328
	标准差	0.611	0.565	0.814	0.870
浙江省	均值	3.544	3.873	3.578	3.178
	标准差	0.628	0.606	0.766	0.841
陕西省	均值	3.478	3.889	3.488	3.056
	标准差	0.737	0.697	0.919	1.020
河南省	均值	3.598	3.840	3.568	3.386
	标准差	0.702	0.726	0.843	0.932

注：表中数据为调查数据的量表题项计算所得。

三、信任测度与特征分析

（一）信任的测度

1. 信任的指标体系构建

社会网络分析学术领域的"三点可测性"原理为本书测量信任水平提供科学参考，具体内容包括：选定具体网络、确定某一时点、测量信任程度。根据前文所述，本书将信任划分为情感信任、制度信任和社会信任三个维度，梳理已有文献并结合农民创业情境编制农民创业者的信任量表，具体指标题项如表 3 - 11 所示。

表 3-11　信任的测量题项及参考来源

子维度	测量指标题项	参考文献
情感信任	我与家人之间的相互信任程度 我与大多数亲戚的相互信任程度 我与同一大姓成员的相互信任程度 我与大多数朋友的相互信任程度 我与大多数邻居的相互信任程度 我与大多数同村村民的相互信任程度	李伟民和梁玉成（2002）； 张云武（2009）； 余泓波（2017）
制度信任	我对中央政府的信任程度 我对当地政府的信任程度 我对国家政策的信任程度 我对当地政府政策和规程的信任程度 我对本村村委会的信任程度	Li（2004）； 李连江（2012）； 肖唐镖和赵宏月（2019）
社会信任	社会上绝大多数人是可信任的 社会上的大多数人会相信他人 人与人之间的相互信任是可以做到的 社会上相信别人可以得到好的回报	Nannestad（2008）； Almond 和 Verba（2015）； 邓鑫（2018）

注：情感信任和制度信任采用五点测量（"非常不信任＝1，不信任＝2，一般＝3，信任＝4，非常信任＝5"），社会信任采用标准 Likert 五点测量（"非常不同意＝1，比较不同意＝2，中立＝3，比较同意＝4，非常同意＝5"）。

2. 因子分析与信效度检验

（1）测量题项的探索性因子分析。

本书对初步设计的信任量表题项进行探索性因子分析以诊断量表结构的科学性。分析结果见表 3-12。从统计分析结果来看，15 个题项的 Kaiser-Meyer-Olkin 度量值为 0.827，大于门槛值 0.7；Bartlett 球形度检验卡方值为 4 477.814，因此该量表题项符合因子分析的基本条件。进一步，设置因子提取方法为主成分法，并采用最大方差法对因子进行旋转，最终得到公因子 3 个，如表 3-12 所示。从因子载荷的分布可以发现各题项所在公因子维度符合量表设计预期，根据因子载荷大于 0.5 的参考标准，剔除"TE6. 我与家人之间的相互信任程度""TI5. 我对本村村委会的信任程度""TS4. 社会上相信别人可以得到好的回报"等题项。最终获得情感信任（5 个题项）、制度信任（4 个题项）、社会信任（3 个题项）的信任综合量表。

表 3-12 信任量表的探索性因子分析

信任的测量题项	旋转后的因子载荷		
	因子 1	因子 2	因子 3
TE1. 我与大多数亲戚的相互信任程度	**0.715**	0.149	0.035
TE2. 我与同一大姓成员的相互信任程度	**0.759**	0.113	0.151
TE3. 我与大多数朋友的相互信任程度	**0.675**	0.144	0.209
TE4. 我与大多数邻居的相互信任程度	**0.768**	0.157	0.164
TE5. 我与大多数同村村民的相互信任程度	**0.744**	0.206	0.159
TE6. 我与家人之间的相互信任程度	**0.459**	0.088	0.001
TI1. 我对中央政府的信任程度	0.087	**0.801**	0.104
TI2. 我对当地政府的信任程度	0.209	**0.782**	0.074
TI3. 我对国家政策的信任程度	0.103	**0.791**	0.123
TI4. 我对当地政府政策和规程的信任程度	0.206	**0.728**	0.072
TI5. 我对本村村委会的信任程度	0.272	**0.345**	0.074
TS1. 社会上绝大多数人是可信任的	0.175	0.032	**0.672**
TS2. 社会上的大多数人会相信他人	0.056	0.063	**0.849**
TS3. 人与人之间的相互信任是可以做到的	0.103	0.088	**0.835**
TS4. 社会上相信别人可以得到好的回报	0.148	0.262	**0.470**
Kaiser-Meyer-Olkin（KMO）度量	0.827		
Bartlett 球形度卡方检验	4 477.814***		

注：提取方法为主成分分析法，因子旋转为最大方差法，*** 表示在 1% 的统计水平上显著。

（2）量表信效度检验。本书采用验证性因子分析（CFA）对信任量表进行信效度评估，主要采用组成信度（CR）、收敛效度（AVE）、内部一致性系数等指标，具体检验结果如表 3-13 所示。①信度方面，3 个信任维度的内部一致性系数均大于理想值 0.7，类似地，3 个维度的组成信度也均满足 0.7 的门槛检验标准。②效度方面，从标准化因子载荷可知所有题项载荷值均超过 0.5，收敛效度也均达到 Fornell 和 Larcker（1981）所提的理想值标准。以上检验结果表明本书的信任量表符合信效度要求，可用于后续的统计分析。

表 3 - 13　信任量表信效度检验结果

指标	标准化因子载荷	标准误	Z 值	P 值	组成信度	收敛效度	内部一致性系数
					CR	AVE	Cronbach's alpha
TE1	0.560	0.026	21.250	***			
TE2	0.675	0.022	30.800	***			
TE3	0.646	0.023	28.280	***	0.832	0.503	0.831
TE4	0.827	0.015	54.190	***			
TE5	0.804	0.016	49.950	***			
TI1	0.737	0.023	32.550	***			
TI2	0.751	0.022	33.620	***	0.816	0.526	0.815
TI3	0.728	0.023	31.280	***			
TI4	0.682	0.025	27.820	***			
TS1	0.522	0.029	18.050	***			
TS2	0.810	0.023	34.600	***	0.759	0.521	0.743
TS3	0.796	0.023	33.900	***			

注：计算结果来自 Stata15 软件"sem"等命令，*** 表示在 1% 的统计水平上显著。

（二）信任的特征分析

1. 整体信任水平及区域差异

根据前文信效度的检验结果可知，信任量表结构清晰设计合理，因此可以采用温忠麟等（2012）提出的算术平均法计算信任量表得分。表 3 - 14 汇报了样本分区域和分维度的信任平均水平。总体来看，信任量表分最小值为 2，最大值为 5，均值 4.042，处于较高水平。分维度看，全样本中制度信任最高达到 4.256，随后是情感信任和社会信任，分别为 3.984 和 3.886，两者低于信任总分平均值，情感信任的标准差最小表明基于情感的信任在样本中呈现出集中趋势。分省份看，信任总分大小依次是河南省、陕西省、安徽省和浙江省；情感信任方面，与信任总分大小排序基本一致；制度信任方面，安徽省样本的平均制度信任水平为 4.311，超过陕西省样本的 4.200；社会信任方面，陕西省样本的平均社会信任水平位居第一，为 3.964，随后是河南省、安徽省和浙江省。

表 3 - 14　农民创业者信任水平的描述性统计

分区域	统计量	信任总分	分维度		
			情感信任	制度信任	社会信任
全样本	均值	4.042	3.984	4.256	3.886
	标准差	0.430	0.467	0.598	0.689
	最小值	2	1.4	1	1
	最大值	5	5	5	5
安徽省	均值	4.031	3.949	4.311	3.833
	标准差	0.377	0.429	0.542	0.701
	最小值	2.8	1.4	2.8	2
	最大值	5	5	5	5
浙江省	均值	3.901	3.878	4.059	3.766
	标准差	0.466	0.479	0.714	0.656
	最小值	2.1	2.4	1	2
	最大值	5	5	5	5
陕西省	均值	4.062	4.024	4.200	3.964
	标准差	0.404	0.363	0.533	0.715
	最小值	2	2.4	2	1.7
	最大值	5	5	5	5
河南省	均值	4.114	4.043	4.363	3.936
	标准差	0.450	0.541	0.587	0.668
	最小值	2.5	2.4	1.5	1
	最大值	5	5	5	5

注：表中数据为调查数据的量表题项计算所得。

2. 情感信任现状

表 3 - 15 汇报了分省份及分题项的情感信任水平。分题项看，对大多数亲戚的情感信任水平最高，为 4.234；随后依次是对朋友、邻居、同一大姓成员；对同村村民的情感信任水平最低，为 3.902；其中对同一大姓成员的信任要低于对朋友和对邻居的情感信任水平，从侧面印证了中国农村地区"远亲不如近邻"的关系特征。分省份看，河南省的情感信任整体水平位列 4 省第一，浙江省排名最后；5 个对象的情感信任子维度水平基本保持与整体相一致的分布特征。

表 3 - 15　情感信任分题项描述性统计

分区域	统计量	情感信任	分题项				
			亲戚	朋友	同一大姓	邻居	同村村民
全样本	均值	3.984	4.234	4.112	3.939	4.112	3.902
	标准差	0.467	0.582	0.561	0.620	0.561	0.602
	最小值	1.4	1	1	2	1	1
	最大值	5	5	5	5	5	5
安徽省	均值	3.949	4.167	3.996	3.926	3.996	3.887
	标准差	0.429	0.562	0.526	0.537	0.526	0.542
	最小值	1.4	1	1	2	1	2
	最大值	5	5	5	5	5	5
浙江省	均值	3.878	4.180	4.087	3.776	4.087	3.808
	标准差	0.479	0.641	0.563	0.707	0.563	0.618
	最小值	2.4	2	2	2	2	2
	最大值	5	5	5	5	5	5
陕西省	均值	4.024	4.282	4.160	4.009	4.160	3.906
	标准差	0.363	0.491	0.469	0.532	0.469	0.533
	最小值	2.4	3	3	2	3	1
	最大值	5	5	5	5	5	5
河南省	均值	4.043	4.282	4.182	3.986	4.182	3.962
	标准差	0.541	0.618	0.631	0.675	0.631	0.676
	最小值	2.4	2	2	2	2	1
	最大值	5	5	5	5	5	5

注：表中数据为调查数据的量表题项计算所得。

3. 制度信任现状

表 3 - 16 报告了分省份和分题项的制度信任水平情况。分题项看，对中央政府的信任水平高达 4.513，超过对当地政府的制度信任水平；类似地，对国家政策的信任水平为 4.460，大于对当地政府政策的制度信任水平，呈现出中国制度信任"央强地弱"的差序格局特征；此外，对当地政府和当地政策制度信任的标准差也大于对中央政府和国家政策的标准差，表明对当地政府和政策的信任在受访样本中存在较大波动性。分省份看，4 个省份制度信任水平的排序依次为河南省、安徽省、陕西省和浙江省；浙江省的制度信

任水平最低且标准差最大；制度信任的差序格局特征在各省份也得到了进一步验证。

表3-16 制度信任分题项描述统计

分区域	统计量	制度信任	分题项			
			中央政府	当地政府	国家政策	当地政策
全样本	均值	4.256	4.513	4.053	4.460	3.999
	标准差	0.598	0.680	0.783	0.683	0.839
	最小值	1	1	1	1	1
	最大值	5	5	5	5	5
安徽省	均值	4.311	4.550	4.127	4.511	4.057
	标准差	0.542	0.664	0.667	0.626	0.750
	最小值	2.75	1	2	2	1
	最大值	5	5	5	5	5
浙江省	均值	4.059	4.273	3.931	4.211	3.820
	标准差	0.714	0.814	0.855	0.794	0.843
	最小值	1	1	1	1	1
	最大值	5	5	5	5	5
陕西省	均值	4.200	4.474	3.953	4.432	3.939
	标准差	0.533	0.648	0.746	0.653	0.819
	最小值	2	2	1	2	1
	最大值	5	5	5	5	5
河南省	均值	4.363	4.646	4.134	4.577	4.096
	标准差	0.587	0.595	0.838	0.646	0.901
	最小值	1.5	2	1	1	1
	最大值	5	5	5	5	5

注：表中数据为调查数据的量表题项计算所得。

4. 社会信任现状

图3-14展示了社会信任3个测量题项的描述性统计情况，分别从信任客体、信任主体和信任关系3方面衡量受访者对社会信任的主观认知。具体来说，"社会上绝大多数人是可信任的"题项中，46.20%的样本持"比较同意"态度，占比最大；"社会上大多数人会相信他人"题项中，接近60%的样本回答"比较同意"，持同意态度的样本共计占比81.54%；"人与人之间

相互信任是可以做到的"题项中，60.07％的样本持"比较同意"的意见。综合上述，本研究样本的社会信任位于中等偏上水平。

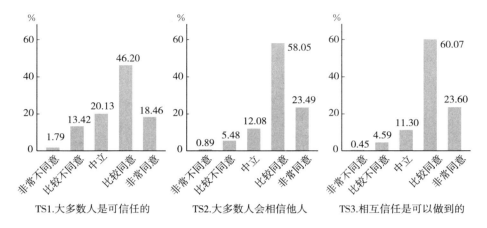

图 3-14　社会信任分题项描述统计

数据来源：根据调研数据整理。

四、本章小结

本章系统梳理了中国农民创业的发展历程及扶持政策的演变，并基于全国层面的统计数据对农民创业率进行历史变化的趋势分析，基于课题组调查的数据进行农民创业决策、农民创业机会识别、农民创业资源获取、农民创业绩效的特征分析。从情感信任、制度信任、社会信任对农民创业者的信任进行量表设计和水平评价。本章描述性统计分析表明：

从全国的微观数据看，农民创业发生率约为 8％，存在明显的区域差异，长江三角区和珠江三角区部分省份处于较高水平，因此须进一步提高农民创业率，缩小区域间差异。从农民创业专项调研数据看，农民创业者以种植业为主，普通养殖业和生产性服务业为辅。农民创业者识别出的机会数量以 3 个以内为主，农民创业机会识别量表得分处中等偏上水平，但存在行业和区域的差异性。农民创业资金的首要来源渠道为个人积蓄，随后是亲戚朋友资助，银行贷款占比较低。农民创业信息的来源渠道主要为家人亲戚和朋友熟人，通过政府等正规部门的占比较少。农民创业者的纯收入处于较高水平，中位数达到 12 万元，超过农民收入平均水平。就农民创业绩效量表得分而言，整体处于中等水平但在不同维度和省份间存在差异，其中生存绩效大于个人绩效大于成长绩效，总体来看，农民创业仍处于生存阶段，创业绩效具有进一步提升的空间。就农民创业者的信任水平而言，整体信任水平为中等偏上，其中制度信任大于情感信任大于社会信任，且信任水平存在明显的地域差异。

第四章 信任与农民创业选择决策

　　创新创业是长期经济增长和创新发展的内生动力，也是解决"三农"问题的关键。农民创业选择决策是农民创业活动的开端、后续一系列创业行为的前提。截至 2019 年年底，全国各类返乡创业人员累计超过 850 万人，本乡创业人员达 3 100 多万人，创办的实体 87% 在乡镇以下①。但就庞大的农村地区居住人口以及国际类似地区的创业情况来说，中国农村地区的创业率依然处于较低水平。因此，2015 年以来党和国家持续出台大量农民创业激励政策，以期激发农村地区创业活力，促进产业兴旺，实现乡村振兴宏伟目标。在此背景下，识别影响农民创业选择决策的决定因素成为政府和学界关注的重要议题之一。

　　已有研究从多个方面对农民创业决策的影响因素进行了考察。就环境因素而言，国家制度、文化属性、基础设施、金融支持等都对农民创业决策具有重要影响。就家庭因素来说，家庭人口学特征、家庭财富情况、父母创业情况等都是影响农民创业决策的重要变量。就个人因素而言，人格特质、金融素养、认知能力与非认知能力、社会资本等也无疑是影响农民创业决策的关键原因。随着创业研究的向前推进，信任，作为社会资本的重要组成部分、关系网络形成的关键因素逐渐引起了创业学者们的广泛关注。信任不仅有助于弥补正式制度缺位，降低交易成本和创业风险，还可以促进核心信息收集与经验获取，以及家庭情感支持等，因此信任理应对创业选择决策具有重要影响。

---

　　① 资料来源：新华社题为"发展富民乡村产业助力农民增收：从中央农村工作会议精神看农村三产融合走势"的报道，2019 年 12 月 24 日。

针对上述理论推断，已有文献对信任和创业选择决策的关系展开了探索性分析，但研究结论尚未达成统一，具体来说，Kwon 和 Sohn（2019）基于世界价值观调查（WVS）2005—2009 年和 2010—2014 年两期的数据，通过构建信任、不信任和缺乏信任三者关系的理论模型，研究结果表明在全世界范围内信任能显著提高创业选择概率。Sohn 和 Kwon（2018）基于印度尼西亚 22 000 个样本的微观数据，运用多种因果推断的方法，分析结果发现在发展中国家，信任并没有起到促进创业决策的作用。聚焦中国情境，周广肃等（2015）采用中国家庭追踪调查 2012 年截面数据，研究表明信任显著促进了中国家庭的创业选择决策。导致这些结果不一致的一个关键因素是所选择的研究情境具有显著差异，只有当该问题在各种不同的情境中均得到充分讨论后，才能总结出信任与创业决策的真实关系以及适用边界条件。中国的农民创业情境为讨论该问题提供了独特素材。随着中国经济加速转型，农村地区创新创业活力得到大幅激发的同时，农村社会结构和思想观念也发生了显著变化，表现出"信任危机"。在此变局的背景下深入探讨信任与创业选择决策的关系具有重要理论与现实意义，但截至目前尚未得到学者们的足够重视。鉴于此，本章采用中国家庭追踪调查（CFPS）2012—2018 年连续四期的全国农村地区微观数据，运用多种计量经济分析方法，实证研究信任对农民创业决策的影响。

一、信任对农民创业决策影响的理论分析

农民的创业决策主要是农民在既定约束条件下对当前可选择职业预期收益比较的结果。但由于创业面临较大的风险与收益不确定性，因此，创业选择决策更多取决于农民对当前约束条件的克服。就农民创业群体的特征看，其所面临的约束条件主要为创业能力约束。创业能力约束指的是农民缺乏信息与知识搜寻能力、抗风险能力、克服制度缺陷能力、合作协作能力等。通过对文献的梳理，本章认为信任会从以下几个方面放宽农民创业约束条件，促进农民创业决策。

第一，创业本身的高不确定性会抑制农民群体的创业决策，而这种不确定性一部分来源于农民群体信息与知识的不完备。Seligman（2000）研究发

现信任可以促进不同类型群体之间的信息分享与交流。信任水平高的农民可能更能接受其他农民与自己观点的不同，促进其与更多不同行业群体的交流互动，从而消弭"信息鸿沟"，减少不确定性，促进创业选择决策。同时，知识基础观（Knowledge - Based Theory）认为知识对企业的创建至关重要。创业知识不仅可以减少创业决策中的不确定性，还可以帮助农民分析判定当前市场环境与发现创业机会。创业知识的获得除了自身的学习外，还有很大一部分来自关系网络成员的分享，而信任可以促进个体之间的知识分享，减少知识隐藏行为（赵红丹和夏青，2019；初浩楠和廖建桥，2008），从而提高创业知识的获取，促进创业决策。

第二，中国的农民在做出行为决策时多表现出厌恶风险的特征（Scott，1977；Liu，2013）。创业自带的高风险属性会使农民避开该职业选择。而高水平的信任一方面可以提高个体的心理安全感，减少在承担风险时的消极影响，从而促进创业决策（贡喆等，2017）。举例来说，信任水平高的个体容易产生"遇到困难时会得到他人帮助"的积极心理预期，而持有该预期的农民无疑更倾向于承担创业风险。另一方面还可以使得农民获得来自家庭的情感支持，该情感支持可增强个体的风险抵御能力，提高其进行创业选择的倾向（董静和赵策，2019；Ren et al.，2016）。具体来说，受信任双向传导机制的影响，较高的信任给予会使农民创业者的家人和亲戚处于被信任、被依赖的"心理图式"中，该良性互动促进家人与亲戚甘愿给予情感上的支持，帮助创业者排除心中的疑虑，从而在面对创业选择时无后顾之忧。

第三，发展中国家面临很多的制度空隙（Webb et al.，2020）。尤其是在农村情境中，创业相关的法律与规章制度不健全、市场与交易缺乏足够监管、当地部门行政执法力度不足等特征共同构成了农村地区创业的制度空隙，严重阻碍了农民创业的积极性，导致农民在创业选择决策时持保守态度。而信任作为一种非正式制度，可以对尚不完善的正式制度框架进行有益补充，减少交易中的机会主义行为，从而促进创业决策（Welter and Small-bone，2006）。

第四，创业作为一项系统工程，需要多个参与者的协同合作。农村地区的创业更是如此，而农民因长久以来习惯于自给自足的生产生活方式及受教育水平的限制，往往不具备很好的沟通协调能力。信任作为一种降低交易成本的社会机制，可以很好地促进合作，提高不完全契约的执行效率，减少合作中冲突的发生，增加了关系的可协调性（曾燕萍，2019；Poppo et al.，2016）。信任因此还被比作"胶水"和"润滑剂"，将创业合作网络粘连在一起的同时保证了高效的合作（Anderson and Jack，2002）。综上，信任促进信息交流与知识分享缓解信息约束；通过获得心理安全感和情感支持提高风险抵御能力；通过补充正式制度框架克服制度空隙；通过促进协同合作等方式提高农民创业选择决策。基于此，本章提出假说：

H4：农民创业者的信任正向促进创业选择决策。

二、信任对农民创业决策影响的实证检验

（一）数据来源与样本情况

本章所用数据来源于中国家庭追踪调查（简称 CFPS）2012—2018 年全国微观数据。CFPS 是由北京大学中国社会调查中心组织实施，采用多阶段等概率抽样，样本覆盖 25 个省份，2010 年为抽样及调研基期，随后每两年追踪调研一次，形成了 2010 年、2012 年、2014 年、2016 年、2018 年共 5 个子数据集，但由于 2010 年基期调查中并未涉及个体信任的相关问题，故本章舍弃 2010 年样本，同时去除未成年以及已退休的个体，最终获得可用于分析的样本数为 46 490 个。

（二）变量测量与描述性统计

（1）因变量：创业决策。参考董晓林等（2019）、李长生和刘西川（2020）等研究，将创业决策设置为二元选择变量。CFPS 成人问卷中收集了受访者详细的工作状态，涵盖自家农业生产经营、农业打工、受雇、非农自雇等信息。若受访者工作状态为非农自雇，则创业变量赋值为 1，其他工作状态下创业变量赋值为 0。

（2）自变量：信任。中国家庭追踪调查成人问卷的主观态度部分包括了个体的信任情况。通过问题"一般来说，大多数人是可以信任的，还是和人相处要越小心越好"对个体信任水平进行代理。为进一步分析分维度信任的影响，选取"对邻居的信任度"代理情感信任，选取"对陌生人的信任度"

代理社会信任，选取"对当地县/区政府官员的信任度"代理制度信任。

（3）控制变量。参考已有文献（周广肃等，2015；Dou et al.，2019），本章在分析过程中还控制了相对外生的变量，如性别、年龄、家庭规模、家庭少儿比例、家庭老年人比例；以及可能内生的变量，如农民受教育水平、是否为党员、当前婚姻状况、自评健康状况、家庭总收入的对数值、是否进行理财投资。此外，本章还考虑控制了省份虚拟变量与年份虚拟变量。

上述各变量的定义、赋值及描述统计如表4-1所示。

表4-1　变量描述性统计

变量名	变量定义及赋值	最小值	最大值	均值	标准差
因变量					
创业	创业＝1，未创业＝0	0	1	0.092	0.290
核心自变量					
信任	大多数人可以信任＝1，相处时越小心越好＝0	0	1	0.516	0.500
情感信任	对邻居的信任度，0～10之间	0	10	6.582	2.225
社会信任	对陌生人的信任度，0～10之间	0	10	2.014	2.112
制度信任	对当地政府官员的信任度，0～10之间	0	10	5.012	2.635
个体特征					
性别	受访者性别，男＝1，女＝0	0	1	0.506	0.500
年龄	受访者年龄（岁）	20	60	40.465	11.778
汉族	是＝1，否＝0	0	1	0.892	0.310
受教育水平	受访者受教育程度（等级）	1	9	2.574	1.417
党员	是＝1，否＝0	0	1	0.041	0.199
婚姻状况	在婚＝1，其他＝0	0	1	0.834	0.372
自评健康	五级量表，非常健康＝5，不健康＝1	1	5	3.081	1.249
家庭特征					
家庭总收入	家庭总收入（对数值）	0	16.156	10.208	1.399
家庭规模	受访者家庭人口规模（人）	1	21	4.774	2.020
少儿比例	受访者家庭儿童占比	0	1	0.145	0.166
老年人比例	受访者家庭老年人占比	0	1	0.086	0.152
理财投资	是＝1，否＝0	0	1	0.011	0.106
区域特征					
是否东部地区	是＝1，否＝0	0	1	0.259	0.438

（续）

变量名	变量定义及赋值	最小值	最大值	均值	标准差
是否西部地区	是＝1，否＝0	0	1	0.383	0.486
是否东北地区	是＝1，否＝0	0	1	0.107	0.309
调查年份					
是否2014年	是＝1，否＝0	0	1	0.268	0.443
是否2016年	是＝1，否＝0	0	1	0.255	0.436
是否2018年	是＝1，否＝0	0	1	0.189	0.392

注：区域特征虚拟变量的对照组为中部地区，调查年份虚拟变量的对照组为2012年。

（三）模型设定

（1）Probit 模型。为估计信任对农民创业决策的影响，构建潜变量模型如下：

$$y_i^* = X_i\theta + \varepsilon_i, \quad y_i = 1[y_i^* > 0] \qquad (4-1)$$

y_i^* 为表征农民创业决策的不可观测潜变量，X_i 为影响农民创业决策变量的向量，θ 为待估参数向量，ε_i 为符合标准正态分布的随机误差项。$1[\cdot]$ 为指示函数，即当 $y_i^* > 0$ 时 y_i 取值为1，当 $y_i^* \leqslant 0$ 时 y_i 取0。由此，可推导出信任影响农民创业决策的 Probit 模型为：

$$\text{Prob}(y_i = 1 | X_i) = \Phi(\alpha_i T_i + \beta_i Z_i + \varepsilon_i) \qquad (4-2)$$

其中，y_i 为可观测到的是否创业的变量，$y_i = 1$ 表示农民当前正在创业，$y_i = 0$ 表示农民未创业。连接函数 $\Phi(\cdot)$ 为标准正态分布的累计分布函数（cdf）。T_i 为农民的信任水平，Z_i 为除信任外影响农民创业决策的控制变量。α_i、β_i 为待估参数，ε_i 为随机干扰项。

（2）Lewbel–IV 模型。由于信任与农民创业决策的估计模型可能存在遗漏变量、测量偏差及反向因果等导致内生性问题，在用传统的工具变量法进行估计时，所有的内生变量必须要有对应的工具变量，而现实中寻找一个科学合理的工具变量并非易事。因此本章采用 Lewbel（2012）提出的基于异方差的识别方法。该方法唯一需要满足的条件即回归时存在异方差，甚至不需要工具变量。根据 Lewbel（2012）的做法，本书设定模型如下：

$$Y = \alpha_1 X + \beta_1 T + \xi_1, \quad \xi_1 = \eta_1 U + \varepsilon_1 \qquad (4-3)$$

$$T = \alpha_2 X + \xi_2, \quad \xi_2 = \eta_2 U + \varepsilon_2 \qquad (4-4)$$

其中，Y 表示农民创业决策，T 为农民的信任水平，X 为影响农民创业决策的控制变量，U 为不可观测的变量，ξ_1、ξ_2、ε_1、ε_2 为误差项，α_1、β_1、η_1、η_2 为待估参数。

记一组外生变量 Z（$Z \in X$ 或 $Z = X$），基于异方差的识别方法主要分为两步：第一步，如公式（4-4）所示，做内生变量信任 T 对控制变量 X 的回归，获得残差项的估计 $\hat{\xi_2}$。第二步，构建 $(Z_i - \overline{Z_i})\hat{\xi_2}$ 作为第二步回归的工具变量，其中 $\overline{Z_i}$ 为变量 Z_i 的样本均值，随后可借助标准工具变量方法（2SLS 或 GMM）进行估计。唯一须满足的条件可表达为 $Cov(Z, \xi_1\xi_2) = 0$ 和 $Cov(Z, \xi_2^2) \neq 0$。此外，Lewbel（2018）进一步研究发现当内生变量为二元变量时，该方法依然有效。

三、信任对农民创业决策影响的结果与分析

（一）信任对农民创业决策影响的估计结果

信任对农民创业决策的影响回归结果如表 4-2 中回归 1 至回归 3 所示。回归 1 为只加入自变量信任的结果，从表中系数可知，信任对农民创业决策的影响系数为正，且在 1% 的显著性水平通过了检验。回归 2 为在回归 1 的基础上加入性别、年龄等相对外生控制变量的估计结果，信任在 1% 的统计水平上显著正向影响农民创业决策。回归 3 继续在回归 2 的基础上加入受教育水平、婚姻状况、自评健康等可能内生的控制变量，结果显示信任对农民创业决策的估计系数依然为正，且通过了 1% 显著性水平的检验。因此可以认为，信任能显著促进农民的创业选择决策。从边际效应系数来看，与持不信任态度的农民相比，持信任态度农民的创业概率增加了 1%。由描述性统计分析可知，全国样本农民的创业百分比为 8.20%，因此个体信任的创业推动效应具有显著经济意义。

从控制变量的影响看，年龄对农民创业决策存在显著负向影响，但边际效应系数较小，故只具有统计显著性而不具有经济显著性。是否为汉族对农民创业决策具有显著正向影响，表明相对于少数民族而言，汉族农民具有更

高的创业概率。家庭规模在 1% 的统计水平上显著正向影响农民创业决策，家庭规模越大，日常生活支出越大，同时来自家庭成员的支持也会越多，这些因素均会促进农民选择创业。家庭老年人的比例显著负向影响农民创业决策，老年人占比过高会导致家庭成员使用更多的时间用于照料老人，而创业是一项需要大量时间的工作，时间上的矛盾与冲突会抑制老人较多家庭中成员创业的概率。受教育水平对农民创业决策具有显著正向作用，创业需要较高的认知能力和知识水平，而受教育程度越高的农民，可能掌握的知识也更多、能力也更强，因此创业概率更大。家庭总收入显著负向影响农民创业决策，多数农民创业的动机是为了获得更高的收入，对于总收入水平已经较高的农民家庭，通过创业致富的动机较弱，且创业本身面临的高风险进一步抑制其创业选择决策。家庭投资理财在 1% 的统计水平上显著正向影响农民创业决策，具有投资理财经验的农民更加了解风险与收益的关系，而这种认知恰好是创业决策所需的核心要素之一。值得注意的是，虽然回归 3 中加入的控制变量大多对农民创业决策具有显著影响，但由于这些变量可能存在内生性，因此下面的分析中不再过多地讨论控制变量的影响。

本部分回归均采用异方差稳健的标准误，同时对全部模型进行多重共线性检验，诊断结果显示 VIF 最大值为 1.37，未超过参考值 5，表明不存在严重多重共线性问题，估计结果可靠。

表 4-2 信任对农民创业决策影响的估计结果

变量	回归 1	回归 2	回归 3
核心自变量			
信任	0.015***	0.014***	0.010***
	(0.003)	(0.003)	(0.003)
相对外生的控制变量			
性别		0.003	−0.001
		(0.003)	(0.003)
年龄		−0.001***	−0.001***
		(0.000)	(0.000)
汉族		0.038***	0.031***
		(0.005)	(0.005)

（续）

变量	回归 1	回归 2	回归 3
家庭规模		0.007***	0.010***
		(0.001)	(0.001)
少儿比例		0.037***	0.010
		(0.009)	(0.009)
老年人比例		−0.068***	−0.066***
		(0.010)	(0.010)
可能内生的控制变量			
受教育水平			0.010***
			(0.001)
党员			0.013**
			(0.006)
婚姻状况			0.003
			(0.002)
自评健康			0.001
			(0.001)
家庭总收入对数值			−0.015***
			(0.001)
理财投资			0.065***
			(0.011)
省份虚拟变量	No	No	Yes
年份虚拟变量	No	No	Yes
Pseudo-R^2	0.001	0.012	0.033
Max-VIF	1.00	1.23	1.37
样本量	46 490	45 093	42 521

注：表中报告的是 Probit 模型平均边际效应；***、**、* 分别表示在 1％、5％和 10％的统计水平上显著；括号内为稳健标准误。

（二）信任分维度对农民创业决策的估计结果

表 4-3 汇报了分维度信任对农民创业决策的影响结果。由于数据的可得性，本章选用受访者对邻居的信任度来代理情感信任，对陌生人的信任度代理社会信任，对地方政府官员的信任度代理制度信任。表 4-3 中回归 1

的自变量为情感信任，估计结果表明，情感信任在 1% 的统计水平上显著正向影响农民创业决策，情感信任水平较高的农民可以获得更多的家庭支持和心理资本，从而具有较高的风险抵御能力，对创业有促进作用。回归 2 为社会信任对农民创业决策的估计结果，从表中系数可知，社会信任在 1% 的显著性水平上正向促进农民创业决策，社会信任不仅可以提高信息流通的速度和效率，还可以促进社会的协同与合作，对农民创业决策产生积极作用。回归 3 显示了制度信任对农民创业决策的估计结果，制度信任在 1% 的显著性水平上负向影响农民创业决策，该结果表明，对地方政府官员的信任抑制了农民创业。类似的研究也发现地方政府信任在市场制度发达的地区会促进自主创业，但在其他地区抑制了创业（Dou et al.，2019）。农民创业多发生于乡村地区，地理位置偏远，市场制度与建设情况较差，地方政府的干预较多，潜在的农民创业者对创业的预期收益往往偏低，因此对创业选择决策比较慎重和保守。此外，在中国，制度信任呈现明显的差序格局特征，居民更加信任中央政府，对地方政府的信任程度通常较低（胡荣，2007；邹宇春等，2012），因此，本部分的分析结果仅代表制度信任其中一个方面的影响，在后面的章节将完整地分析制度信任对创业的影响。

表 4-3　信任分维度对农民创业决策影响的估计结果

变量	回归 1	回归 2	回归 3
情感信任（对邻居）	0.011***		
	(0.004)		
社会信任（对陌生人）		0.015***	
		(0.004)	
制度信任（对地方官员）			−0.010***
			(0.003)
性别	−0.008	−0.011	−0.007
	(0.018)	(0.018)	(0.018)
年龄	−0.003***	−0.003***	−0.003***
	(0.001)	(0.001)	(0.001)
汉族	0.195***	0.196***	0.191***
	(0.033)	(0.033)	(0.033)

（续）

变量	回归 1	回归 2	回归 3
家庭规模	0.063***	0.063***	0.063***
	(0.005)	(0.005)	(0.005)
少儿比例	0.060	0.063	0.054
	(0.055)	(0.055)	(0.055)
老年人比例	−0.407***	−0.414***	−0.405***
	(0.062)	(0.062)	(0.062)
受教育水平	0.065***	0.064***	0.066***
	(0.006)	(0.006)	(0.006)
党员	0.081**	0.082**	0.085**
	(0.038)	(0.038)	(0.039)
婚姻状况	0.018	0.019	0.016
	(0.015)	(0.015)	(0.015)
自评健康	0.005	0.007	0.009
	(0.007)	(0.007)	(0.007)
家庭总收入对数值	−0.091***	−0.091***	−0.090***
	(0.006)	(0.006)	(0.006)
理财投资	0.400***	0.395***	0.401***
	(0.067)	(0.067)	(0.067)
省份虚拟变量	Yes	Yes	Yes
年份虚拟变量	Yes	Yes	Yes
Pseudo - R^2	0.033	0.033	0.033
样本量	42 573	42 505	42 497

注：本表采用 Probit 模型进行估计；***、**、* 分别表示在 1%、5% 和 10% 的统计水平上显著；括号内为稳健标准误。

（三）内生性讨论与稳健性检验

1. 内生性讨论

上述基准回归模型可能存在由于反向因果与遗漏变量导致的内生性偏误，具体来说，一方面，选择创业的农民可能具有更高信任水平，该反向因果关系将高估信任的影响；另一方面，受研究者的局限性，可能存在既影响信任又影响创业选择决策的遗漏变量，如无法观测的个体特征等。根据混合截面数据估计可能出现的异方差问题,本章采用 Lewbel（2012）提出的异方差工具变量法对信任与农民创业决策的关系进行再分析,为得到更加稳健的结果,采用 IV-2SLS 和 IV-GMM 两种方法进行估计,当球型扰动项假设满足时 IV-2SLS 更有效,当存在异方差或自相关时,IV-GMM 估计更有效。计算结果如表 4-4 所示。Lewbel（2012）方法得以成立的唯一条件即第一阶段回归中存在异方差,从表中 Breusch-Pagan 异方差检验结果可知,P 值小于 0.01,拒绝原假设,存在异方差,因此满足该方法的前提假设。从表中的估计系数看,信任均在 1% 的统计水平上正向显著影响农民创业决策,但由于该方法使用的是线性概率模型,估计系数大小无法与 Probit 模型结果进行比较。综合而言,考虑了内生性的估计结果与基准回归结果的显著性及影响方向一致。

表 4-4　信任对农民创业决策影响的工具变量估计结果

变量	(1)	(2)
	IV-2SLS	GMM
信任	0.670**	0.702***
	(0.267)	(0.266)
控制变量	Yes	Yes
省份虚拟变量	Yes	Yes
年份虚拟变量	Yes	Yes
样本量	43 898	43 898
异方差检验（Breusch-Pagan Test）	$\chi^2(1) = 85.990$ $[P\ 值 = 0.000\ 0]$	

注:表中采用 Lewbel（2012）异方差工具变量法估计; *** 、 ** 、 * 分别表示在 1%、5% 和 10% 的统计水平上显著;括号内为稳健标准误。

2. 稳健性检验

为进一步检验信任对农民创业决策估计结果的稳健性,本章采用替换估计模型、更改样本范围等方法对基准回归结果进行稳健性检验。结果如表 4-5 所示。第 1 列至第 3 列为将方法更换成混合 Logit,面板 Logit 和面板 Probit 的估计结果,从表中系数可知,核心自变量信任的符号和显著性均与基准回归保持一致。第 4 列为仅使用最新一期 CFPS2018 年的截面微观数据估计结果,结果基本保持不变。综合上述,本章基准回归结果较为稳健。

表 4 - 5　信任对农民创业决策影响的稳健性检验结果

变量	Pooled Logit	Xtlogit	Xtprobit	CFPS2018
	（1）	（2）	（3）	（4）
信任	0.116***	0.154***	0.086***	0.064*
	(0.034)	(0.056)	(0.031)	(0.037)
性别	−0.011	−0.017	−0.010	−0.023
	(0.034)	(0.074)	(0.042)	(0.038)
年龄	−0.007***	−0.012***	−0.007***	−0.002
	(0.002)	(0.003)	(0.002)	(0.002)
汉族	0.389***	0.600***	0.339***	0.228***
	(0.068)	(0.127)	(0.072)	(0.058)
家庭规模	0.118***	0.182***	0.104***	0.066***
	(0.008)	(0.017)	(0.010)	(0.009)
少儿比例	0.137	0.461**	0.261**	0.021
	(0.106)	(0.203)	(0.115)	(0.095)
老年人比例	−0.796***	−1.094***	−0.608***	−0.576***
	(0.125)	(0.226)	(0.126)	(0.142)
受教育水平	0.114***	0.137***	0.077***	0.139***
	(0.010)	(0.023)	(0.013)	(0.018)
党员	0.326***	0.613***	0.353***	0.002
	(0.077)	(0.151)	(0.087)	(0.171)
婚姻状况	0.040	0.080	0.048	0.054*
	(0.029)	(0.061)	(0.034)	(0.030)
自评健康	0.010	0.005	0.001	−0.008
	(0.014)	(0.025)	(0.014)	(0.015)
家庭总收入对数值	−0.171***	−0.177***	−0.098***	−0.075***
	(0.010)	(0.017)	(0.010)	(0.008)
理财投资	0.735***	0.659***	0.370***	0.204
	(0.119)	(0.216)	(0.124)	(0.150)
省份虚拟变量	Yes	Yes	Yes	Yes
年份虚拟变量	Yes	Yes	Yes	No
样本量	42 521	42 521	42 521	9 031

注：***、**、*分别表示在1%、5%和10%的统计水平上显著；括号内为系数标准误。

（四）信任对农民创业决策影响的异质性分析

1. 创业者性别差异

上述分析表明，全样本中信任对农民创业选择决策具有显著正向作用。但受传统社会"男主外、女主内"思想的影响，信任对农民创业决策的作用可能在创业者性别上产生异质性。因此，本章首先根据性别将全样本分为男女两个群组进行分组回归，估计结果如表4-6第1~2列所示。由结果可知，男性样本中，信任对农民创业选择决策的影响显著为正，并通过1%的显著性水平检验，女性样本中，信任对农民创业选择决策的影响同样为正，且通过10%的显著性水平检验。从系数大小来看，男性样本的估计系数大于女性样本，表明信任对男性样本创业选择决策的促进作用更大。可能的解释是，相比男性群体，农村地区女性群体以家庭为主，社会网络范围较小、社会网络关系较为薄弱，缩小了信任发挥作用的空间，从而表现出较低的影响程度。

表4-6　信任对农民创业选择决策的异质性影响

变量	男	女	生存型创业 vs 不创业	机会型创业 vs 不创业
	(1)	(2)	(3)	(4)
信任	0.071***	0.046*	0.048**	0.055*
	(0.025)	(0.024)	(0.019)	(0.028)
控制变量	Yes	Yes	Yes	Yes
省份虚拟变量	Yes	Yes	Yes	Yes
年份虚拟变量	Yes	Yes	Yes	Yes
Pseudo-R^2	0.041	0.028	0.046	0.151
样本量	20 803	21 718	42 521	42 521

注：表中报告的是 Probit 模型估计系数；***、**、*分别表示在1%、5%和10%的统计水平上显著；括号内为系数标准误。

2. 创业类型差异

不同的创业类型也可能产生信任与农民创业决策之间的异质性影响，全球创业观察（GEM）根据创业动机将创业划分为生存型创业与机会型创业两种，其中，生存型创业是指处于低收入状态且无其他就业选择的创业者，为生存被动从事创业，机会型创业则指个体主动发现商机并开展创业活动，以谋求潜在经济价值。除创业动机异同外，两种创业类型另一个显著区别即创业规模的大小，一般而言，生存型创业规模和资产较小，机会型创业则相对较大。参考邹文等（2020）等研究的设定，将经营性资产小于3万元的创业划分为生存型创业，将大于3万元的创业划定为机会型创业，分组回归结果如表4-6第3~4列所示。从表中估计系数可知，信任对两种创业类型的决策均具有显著正向影响，机会型创业样本的系数略大于生存型创业。相比生存型创业而言，机会型创业所需信息和资源的数量多、与外界合作的程度更大，因此信任对创业的促进作用可以得到更好的体现。

3. 创业区域差异

从数据的描述统计可知，全国不同地区的信任水平和创业率具有差异，因此信任对农民创业选择决策的影响可能在区域层面存在异质性。依据国家统计局对全国经济区域的划分标准①，本章将样本省份划分为东部、中部、西部和东北部4个区域。分区域的回归结果如表4-7所示，从表中估计系数可以看出，东部样本信任对农民创业决策的影响未通过显著性检验，可能的解释是，信任等非正式制度本质是用于弥补正式制度空隙，但东部地区的正式制度完善程度和市场化水平均领先于其他3个地区，在此背景下，信任的促进作用相对有限。西部地区样本信任对农民创业决策的影响未通过显著性检验，从表中地区创业率可以看出该地区的创业率居于4个区域的末位，信任也处于最低的水平，由此可知该地区的社会文化和市场氛围并不利于创业活动，信任对农民创业决策的作用会受到抑制。中部和东北部样本中信任对农民创业选择决策的影响为正，且均通过1％的显著性检验。东北部样本中的信任均值位于4个区域的首位，为信任发挥作用提供了优渥的土壤。综上所述，信任对农民创业选择决策的影响在区域上具有异质性。

---

① 国家统计局《东西中部和东北地区划分方法》，详见：http://www.stats.gov.cn/ztjc/zthd/sjtjr/dejtjkfr/tjkp/201106/t20110613_71947.htm。

表4-7 信任对农民创业决策的区域异质性

变量	东部	中部	西部	东北部
	（1）	（2）	（3）	（4）
信任	0.016	0.108***	−0.006	0.199***
	(0.032)	(0.033)	(0.031)	(0.055)
控制变量	Yes	Yes	Yes	Yes
年份虚拟变量	Yes	Yes	Yes	Yes
Pseudo-R^2	0.037	0.038	0.019	0.044
样本量	11 067	10 962	15 564	4 928
地区创业率	11.66%	10.77%	6.84%	8.38%
地区信任均值	0.519	0.517	0.512	0.521

注：表中报告的是 Probit 模型估计系数；***、**、* 分别表示在1%、5%和10%的统计水平上显著；括号内为系数标准误。

四、本章小结

本章基于信任视角系统分析了信任对农民创业选择决策的理论逻辑并在此基础上提出研究假说，采用中国家庭追踪调查全国性的微观数据，运用 Probit、Lewbel-IV 模型实证分析了信任对农民创业选择决策的影响。研究结果表明：①信任可以显著促进农民的创业选择决策。具体而言，持"大多数人可以信任"态度的农民进入创业的概率比持"与人相处要越小心越好"态度的农民要高1个百分点，而全国农民平均的创业概率为8.20%，因此该结果具有经济意义上的显著性。②不同维度的信任对农民创业选择决策的影响具有差异化特征。具体而言，情感信任显著促进农民创业选择决策，情感信任每增加1个单位，农民创业决策的概率提高1.10%；社会信任对农民创业决策具有显著正向影响，社会信任每增加1个单位，农民选择进入创业的概率增加1.50%；制度信任对农民创业决策具有显著的负向影响，制度信任每提高1个单位，农民创业决策的概率减少1.00%。

本章的研究结果表明：一方面，正式制度对缓解创业不确定性具有重要作用，因此应进一步完善知识产权、小额信贷、创业监管等方面的正式制度，提高制度约束效力和效率。另一方面，信任作为一种非正式制度，对正式制度有着不可替代的补偿作用，应通过完善新农村文化建设、增强社会主义核心价值观等手段，提高农村地区信任水平，对信任缺失、背信弃义的商业事件增加媒体曝光度和舆论关注度，帮助农民创业者重构信任文化。

第五章 信任与农民创业机会识别

　　乡村振兴战略明确提出要激活农村创新创业活力、发展壮大乡村产业。近年来，我国各级政府不断鼓励农民创新创业，政府的大力推动让农民创新创业取得显著成效，但现实中仍存在具有很强创业意愿和创业能力的农户难以识别有价值前景的创业机会（杨学儒和杨萍，2017）。因此，探究影响创业机会识别的关键因素将成为进一步推动农民创新创业的重要突破口。

　　创业经典文献认为创业过程的本质为机会的识别与利用（Shane and Venkataraman，2000）。创业机会识别，作为一切创业活动的起点，是决定一名潜在创业者能否成功创业的关键。张红和葛宝山等在述评已有研究基础上概括出创业机会识别的影响因素，包括先前经验、人力资本、认知能力、社会网络等（张红和葛宝山，2014；Davidsson，2015）。聚焦农村情境，农民创业者普遍面临创业经验匮乏、人力资本较低、认知水平不足等困境，因此农民创业者的社会网络被认为在促进创业机会识别方面发挥关键作用（陈文沛，2016；郭红东和丁高洁，2012）。然而，另一些文献则提出相反观点，认为过度嵌入社会网络的创业者不仅会丧失谈判能力（Newbert and Tornikoski，2013），还会错失大量网络之外的商业机会，不利于新创企业成长（Welter and Kautonen，2005）。信任，作为形成社会网络的关键因素（Smith and Lohrke，2008；Welter，2012），或将从本质上解释这一分歧。信任不仅有助于弥补正式制度空隙，降低交易成本和创业风险（Puffer et al.，2010），还可促进创业信息收集与知识获取（Geneste and Galvin，2013），提供持续情感支持（Deakins et al.，2007）。遗憾的是，已有涉及信任与创业机会识别的研究只笼统地用网络关系对信任进行代理（Brunetto and Farr Wharton，2007），抑或是侧面分析信任与创业机会识别之间关系，缺乏对其直接效应及作用机制的深入解剖（Ren et al.，2016），相关实证研究更是凤毛麟角。

因此，本章将从信任视角出发对农民创业机会识别进行实证分析，重点探讨信任对农民创业机会识别的直接影响及作用机制，采用 880 份来自浙江、安徽、河南和陕西 4 个省份的农民创业者访谈数据，运用链式多重中介效应检验方法，实证考察信任对农民创业机会识别的影响直接效应，外部知识获取、创业警觉性的中介效应，以及外部知识获取和创业警觉性的链式中介效应。

一、信任对农民创业机会识别影响的理论分析

本章从信任视角出发对中国农民创业者的创业机会识别进行系统剖析，构建理论框架如图 5-1 所示。具体而言：首先，信任可以促进农民创业者形成积极预期和心理安全感，进而提高创业警觉性，促进创业机会识别。其次，信任可提升机会感知能力、拓宽信息渠道，有利于农民创业者提高创业警觉性与增加外部知识获取，最终影响创业机会识别。最后，信任可提升经验、知识互换与共享，进而增加外部知识获取促进创业机会识别。

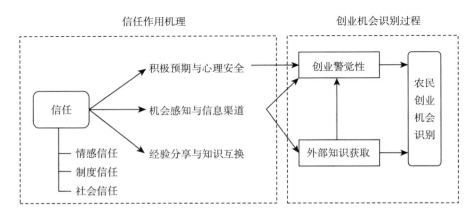

图 5-1　信任对农民创业机会识别影响的理论框架

（一）信任对农民创业机会识别的直接影响

信任对农民创业机会识别的影响主要表现为以下三个方面。首先，情感信任可增加创业者分享经验与开展协作的意愿，进而提高机会识别过程中的创新能力（Stull and Aram，2010）。农村地区信息渠道闭塞，加之农民创业者人力资本不足，信息处理能力欠缺，已有研究表明高效利用所在创业网络关系可以有效弥补农民创业者在创业机会识别方面的劣势，但知识和信息资源普遍具有缄默性和黏性（芮正云等，2016），只有当农民创业者与其网络成员建立情感信任后，才会形成强烈共享感与认同感，此时被信任的网络成员也更愿意分享和表达自己的经验信息，降低知识黏度，丰富信息来源，扩大新创企业机会的搜寻范围，帮助农民创业者识别创业机会（王国红等，2018）。

其次，制度信任水平高的农民创业者更容易识别并抓住政策导向型创业机会。从机会源头看，可将创业机会分为信息不对称型与外生冲击型两种。作为外生冲击型创业机会的主体，政府行为会显著影响被扶持产业或地区的创业机会数量、类型及分布（Eckhardt and Shane，2003）。尤其在我国，各级政府经常采用政策工具刺激相关产业与区域发展，以农业部门和农村地区为典型代表。农民创业者能否有一定程度的政策敏锐性来发现和识别此类创业机会主要取决于其制度信任水平。制度信任高的农民创业者更倾向于密切关注政府动向，主动留意产业政策，从而可领先于其他创业者识别出政策导向型机会。Jongeneel 等通过荷兰 495 个创业农户的调查数据发现政府信任是农户参与乡村旅游创业活动的重要解释变量（Jongeneel et al.，2008）。

最后，社会信任使农民创业者对社会充满信心，对所创事业具有良好预期，这种积极的"心理图式"形成创业者识别创业机会的源动力。Kwon 和 Arenius 依据全球创业观察数据发现国家一般社会信任水平越高，则该国居民就越可能识别出更多创业机会（Kwon and Arenius，2010）。此外，社会信任水平高的农民环境适应性较强，与不同类型群体进行沟通交流的意愿较高，有助于形成弱连接的关系网络，可有效减少信息搜寻与收集成本，因而可高效识别散布在市场各处的创业机会。基于以上分析，本章提出假说。

H5-1：农民创业者信任正向促进创业机会识别。

（二）外部知识获取的中介效应

知识和信息是创业机会识别的基础（Ardichvili et al.，2003），大量实证研究表明外部知识获取对创业机会识别具有显著正向影响（孙永波和丁沂昕，2018；耿紫珍等，2012）。从知识基础观来看，知识是新创企业发展与成长的重要驱动力，获取产业、市场和技术等方面知识可以增强创业者对机会的感知与判断能力（Shane and Venkataraman，2000）。农民创业者受自身禀赋和区位条件限制，知识储备少、认知位势低，面对急剧变化的市场环境，更加需要从外部获取知识以提高市场洞察力与机会识别能力。

然而，农民创业者在获取外部知识时常面临两大难题，一是参与知识分享的意愿不高，二是获取知识的内在转化率低。信任被认为是解决这两大难题的关键，原因是信任不仅能促进知识分享，减少知识隐藏行为，还可提高知识传递效率（王雪莉等，2013）。具体而言，信任水平高的农民创业者，因信赖网络中其他成员的话语和承诺，更倾向于与不同类型的群体进行经验交流与信息共享（周广肃等，2015），获得异质性外部知识的可能性更高，从而促进创业机会识别。Kale 等通过研究合资企业发现，双方一旦建立信任，积极的知识转移就会发生，最终促进企业的机会识别（Kale et al.，2000）。李自杰等也认为营造信任环境对于知识转移非常重要，原因是信任能够增强知识共享意向（李自杰等，2010）。此外，除显性知识外，信任还能够加速隐性知识的交换，帮助创业者更好地理解和吸收隐性知识（Uzzi and Lancaster，2003），而这些隐性知识中往往蕴含创业机会。因此，信任对农民创业机会识别的影响可能部分是通过外部知识获取进行传导，故本章提出如下假说：

H5-2：外部知识获取在农民创业者的信任水平与创业机会识别之间发挥积极中介效应。

H5-2a：农民创业者的信任水平对其外部知识获取有正向影响。

H5-2b：农民创业者的外部知识获取对其创业机会识别有正向影响。

（三）创业警觉性的中介效应

除上文所述外生冲击型机会外，市场上更为普遍的是信息不对称型创业机会。Kirzner 认为根植于经济系统的信息呈现不均匀分布（Kirzner，1997）。创业机会识别即搜寻别人尚未察觉的信息并识别其中潜在价值，形成创业构想。这一过程不仅需要可靠的信息来源，更多依赖创业者对机会的警觉性。创业警觉性指创业者倾向于留意环境中关于主体、事件和行为方式的信息，对生产商和消费者的要求保持敏锐，譬如未满足的需求和兴趣，新颖的资源组合方式等（Kirzner，1979），不具备该属性的个体常会因为误判市场环境和需求而错失良机（Kirzner，2015）。警觉性高的创业者对市场上的不均衡信息更敏感，也能迅速改变已有认知模式信息处理方式，能意识到信息之间的关联性，实现对市场反馈的新解析，从而在识别创业机会方面具有优势（Gaglio and Katz，2001）。因此，创业警觉性是成功识别创业机会的必要条件（Ardichvili et al.，2003）。多项实证研究也证实农民创业警觉性对创业机会识别具有积极作用（张秀娥和徐雪娇，2017；郭红东和周惠珺，2013）。

创业警觉性本质上是一种心理活动（Gaglio and Katz，2001），而信任通过帮助创业者产生积极情绪，形成心理安全感与可信赖的期望（Dirks and Ferrin，2001；贡喆等，2017），最终增强创业警觉性。反之，低信任水平的农民创业者具有较低的心理安全感，当意识到市场中出现的不对称信息时会产生迟疑，表现出低警觉性，最终错失创业商机。其次，信任有助于形成稳定的社会网络，从而增强农民创业者的警觉性。Smith 和 Lohrke 通过扩展的网络阶梯模型表明情感信任和认知信任可直接促进创业网络的形成（Smith and Lohrke，2008）。创业者通过网络中的积极互动来进行信息收集、信息解析及信息评估等认知活动，从而提高警觉性并发展创业机会。因而，可以认为信任通过创业警觉性的中介作用影响农民创业机会识别。基于此本书提出以下假说：

H5 - 3：创业警觉性在农民创业者的信任水平与创业机会识别之间发挥积极中介效应。

H5 - 3a：农民创业者的信任水平对其创业警觉性有正向影响。

H5-3b：农民创业者的外部警觉性对其创业机会识别有正向影响。

（四）外部知识获取与创业警觉性的链式中介效应

高信任水平的农民创业者通常具有丰富的沟通方式与广泛的信息来源，有助于他们获取更多外部知识，学习与利用这些外部获取知识进一步提升农民创业者认知水平和创业警觉性，最终发现和识别更具有前景的创业机会。具体而言，首先，根据假说 H1 的推导，信任水平高的农民创业者具有更高的信息接纳度，可高效获取更多创业知识。其次，外部知识获取可提高创业者认知和信息处理能力，提高竞争意识与学习思维，进而提高创业警觉性。Jiao 等通过 1 484 份中国创业者数据研究表明外部知识获取对创业警觉性有显著积极影响（Jiao et al.，2014）。同时，知识溢出理论指出外部知识获取可以营造包容的知识环境，这种环境将提高企业家的创新精神与机会警觉性，从而有助于识别出更多有潜力的创业机会（Audretsch and Keilbach，2007）。此外，初创企业除利用现有外部知识库外，还可以通过探索新的外部知识来源，如供应商、客户或科研单位等来扩大搜索范围，这种信息来源的扩展也能显著提高创业警觉性。最后，从假说 H3 的推论过程可知，创业警觉性对创业机会识别有正向影响。综上所述，提出以下假说：

H5-4：外部知识获取与创业警觉性在农民创业者的信任水平与创业机会识别之间发挥链式中介效应。

二、信任对农民创业机会识别影响的实证检验

（一）样本与数据

1. 样本描述统计

课题组选取了来自东、中、西部的浙江、安徽、河南和陕西 4 省共计 10 个地级市开展问卷调查。数据源自课题组分别于 2017 年和 2019 年开展的两次农村居民创新创业问卷调查。两次调研共收回问卷 917 份，剔除无效问卷和本章变量缺少样本后，获得适合本章的有效样本 880 个。样本特征如表 5-1 所示。创业者以男性居多，占比 90.57%；创业者年龄以

41~50 岁年龄段居多，占比达到 43.41%；创业者受教育水平以高中/中专学历居多，占比为 68.75%；从创业所处行业看，种植业占比最高45.80%，其次是服务业 23.30%，然后为养殖业 17.61%，加工业占比最少为 13.30%。

表 5 - 1 样本特征基本情况表

特征	项目	样本量	百分比（%）
创业者性别	女	83	9.43
	男	797	90.57
创业者年龄	20~30 岁	61	6.93
	31~40 岁	184	20.91
	41~50 岁	382	43.41
	51~60 岁	230	26.14
	61~70 岁	23	2.61
创业者受教育水平	初中及以下	133	15.11
	高中/中专	605	68.75
	本科及以上	142	16.14
创业所处行业	养殖业	155	17.61
	加工业	117	13.30
	服务业	205	23.30
	种植业	403	45.80
创业所处区域	浙江省	157	17.84
	安徽省	221	25.11
	陕西省	211	23.98
	河南省	291	33.07

2. 样本共同方法偏差控制与检验

采用问卷法时，因特定测量方法（同一被访者、测量环境、题项语境等）难免造成潜在的系统测量偏差，一般称之为共同方法偏差（Common Method Biases）。这种系统误差很可能导致错误的因果关系推论，严重影响实证结果的准确性（Min et al.，2016），为避免这种系统误差的影响，本书采取以下措施进行事前控制并辅以事后检验。首先，本书在问卷量表中穿插一些客观性以及开放性问题；其次，问卷设计了若干反向编码题，以此避免受访者陷入持续量表填写模式；最后，本书采用Harman 单因素检验对数据进行诊断，参考以往做法，在不做任何旋转且特征根大于 1 的提取方式下，对所有题项进行探索性因子分析，最后得到 6 个特征根大于 1 的因子，因子 1 占方差为 24.76%，不到总提取因子方差累积占比（62.15%）的一半。因此，数据不存在严重共同方差偏差。

（二）变量与测量

本研究量表均采用 Likert 五点测量，借鉴已有成熟量表基础上针对农民创业情境进行修正，兼顾准确度与现实情况。

1. 信任

情感信任借鉴李新春等（2017）和世界价值观调查（World Values Survey，WVS）关于情感信任的题项，共 5 个题项，例如："我和绝大多数亲戚的相互信任程度""我和绝大多数同宗族成员的相互信任程度""我和绝大多数朋友的相互信任程度""我和绝大多数邻居的相互信任程度"，该量表的内部一致性系数 α 为 0.782。制度信任借鉴张立芸和谭康荣（2005）的测量，共 4 个题目，例如："我对中央政府的信任程度""我对国家政策的信任程度""我对当地政府的信任程度""我对当地政府政策/规程的信任程度"，该量表的内部一致性系数 α 为 0.873。社会信任借鉴高学德和翟学伟（2013）等对于社会信任的一般描述，共 3 个题项，例如："绝大多数人都是可以信任的""社会上的大多数人都是相信他人的""社会上人与人之间相互信任是可以做到的"，该量表的内部一致性系数 α 为 0.697。

2. 创业警觉性

借鉴 Jiao 等（2014），郭红东和周惠珺（2013）等开发的创业警觉性量表，从创业想法警觉性和创业信息警觉性两个维度来测量，共 3 个题项。例如："在日常生活中，我总能发现我身边存在的创业机会""为了发现新的创业想法，我对创业相关信息时刻保持关注"。本书中该量表的内部一致性系

数 α 为 0.764。

3. 外部知识获取

借鉴 Song 等（2017），耿紫珍等（2012）开发的知识获取量表，从市场知识获取与技术知识获取两个方面来测度，共 4 个题项，例如："我获取了市场情况，以及潜在趋势的知识""我通过顾客获取了能够改良产品或服务的知识"。本书中该量表的内部一致性系数 α 为 0.714。

4. 创业机会识别

借鉴 Ozgen 和 Baron（2007），刘万利等（2011）开发的创业机会识别量表，共 5 个题项。例如："即使对某行业没有经验，我也能对其中的创业机会具有较好的判断力""我能够有效识别消费者需要的产品或服务""我具备灵活的适应能力，能快速地对机会进行取舍"。该量表的内部一致性系数 α 为 0.767。

（三）信度和效度

信度方面，本研究采用内部一致性系数（Cronbach's alpha）和组成信度（Composite Reliability，CR）评估测量可信度。结果如表 5-2 所示，所有潜变量 Cronbach's alpha 值均接近理想值 0.7。组成信度 CR 方面，所有潜变量组成信度值均超过建议值 0.7。因此，本书中量表测量的信度较高。

效度方面，如表 5-2 所示，本书从三个方面评估测量的效度：首先，各潜变量指标的因子载荷绝大部分大于理想值 0.70，并且所有因子载荷均在门槛值 0.50 以上。其次，用平均方差抽取量（Average Variance Extracted，AVE）检验聚合效度（Convergent Validity）。Huang 等提出 0.4 为可接受的参考值（Huang et al.，2013），除创业警觉性的收敛效度为 0.441 外，其余潜变量 AVE 均高于建议值 0.5，基于以上判断，本书的测量具有聚合效度。最后，运用验证性因子分析对 4 个量表的区分效度进行检验，结果如表 5-3 所示，在未经过任何模型修正情况下，四因子模型拟合效果最佳，表明信任、创业警觉性、外部知识获取和创业机会识别分属于不同构念。综上所述，本书中测量量表的信效度处于理想范围。

表 5-2 验证性因子分析与信效度指标值汇总（N＝880）

潜变量	指标	标准化因子载荷	标准误	Z 值	P 值	组成信度	收敛效度	内部一致性系数
						CR	AVE	Cronbach's alpha
情感信任	TE1	0.649	0.023	28.369	***			
	TE2	0.673	0.022	30.392	***			
	TE3	0.829	0.015	54.047	***	0.832	0.503	0.831
	TE4	0.802	0.016	49.367	***			
	TE5	0.556	0.027	20.877	***			
制度信任	TI1	0.744	0.018	40.619	***			
	TI2	0.785	0.017	47.313	***	0.849	0.533	0.848
	TI3	0.859	0.014	61.779	***			
	TI4	0.617	0.025	24.768	***			
社会信任	TS1	0.527	0.029	18.179	***			
	TS2	0.802	0.023	34.492	***	0.760	0.522	0.745
	TS3	0.803	0.023	34.452	***			
创业警觉性	AT1	0.714	0.023	30.379	***			
	AT2	0.738	0.023	31.847	***			
	AT3	0.678	0.024	28.724	***	0.796	0.441	0.797
	AT4	0.619	0.028	21.906	***			
	AT5	0.556	0.031	18.160	***			
外部知识获取	KA1	0.666	0.023	28.583	***			
	KA2	0.808	0.019	42.841	***	0.813	0.522	0.811
	KA3	0.698	0.022	31.384	***			
	KA4	0.709	0.022	32.304	***			
创业机会识别	OI1	0.646	0.024	26.397	***			
	OI2	0.630	0.025	25.158	***	0.801	0.504	0.798
	OI3	0.726	0.021	33.993	***			
	OI4	0.821	0.019	43.051	***			

注：*** 表示 $P < 0.001$ 在 1% 的统计水平上显著。

表 5-3 验证性因子分析拟合优度结果

模型比较	χ_2	D_f	RMSEA	CFI	TLI	SRMR
四因子模型	1 110.587	284	0.058	0.908	0.894	0.044
三因子模型	1 861.855	289	0.079	0.824	0.803	0.060

（续）

模型比较	χ_2	D_f	RMSEA	CFI	TLI	SRMR
二因子模型	2 258.717	293	0.087	0.781	0.757	0.067
单因子模型	5 482.993	299	0.140	0.421	0.371	0.121

注：四因子模型：信任、创业警觉性、外部知识获取、创业机会识别；三因子模型：信任、创业警觉性+外部知识获取、创业机会识别；二因子模型：信任、创业警觉性+外部知识获取+创业机会识别；单因子模型：信任+创业警觉性+外部知识获取+创业机会识别。

（四）变量间描述性统计分析

主要变量的描述性统计及 Pearson 相关系数如表 5-4 所示。从表 5-4 可见，农民创业者的信任水平与创业机会识别、外部知识获取和创业警觉性之间有着显著正相关关系，并且外部知识获取与创业警觉性也均与创业机会识别显著正相关。

表 5-4　主要变量描述统计及 Pearson 相关系数（$N=880$）

变量	均值	标准差	1	2	3	4	5	6	7
1. 性别	0.906	0.292	1.000						
2. 年龄	45.34	8.688	0.147***	1.000					
3. 受教育程度	10.43	3.086	0.001	−0.295***	1.000				
4. 信任	4.062	0.427	0.116***	0.093***	−0.002	1.000			
5. 创业机会识别	4.013	0.705	0.126***	−0.030	0.055	0.237***	1.000		
6. 外部知识获取	4.211	0.626	0.013	−0.054	0.034	0.267***	0.375***	1.000	
7. 创业警觉性	3.802	0.761	0.124***	0.103***	0.042	0.342***	0.523***	0.349***	1.000

注：*** 表示 $P<0.01$ 在 1% 的统计水平上显著。

三、信任对农民创业机会识别影响的结果与分析

（一）假说检验

1. 信任对农民创业机会识别影响的主效应检验

本章采用层次回归分析（Hierarchical Regression Analysis）方法，所有回归均使用异方差稳健标准误，同时全部回归模型均进行多重共线性诊断，本书回归中方差膨胀因子（VIF）最大值为 1.25，低于参考值 3.0，表

明各变量之间的相关共线程度在合理范围内，不存在严重共线性问题。检验结果如表 5-5 所示，回归 1~3，回归 4~5，回归 6~7 分别以创业机会识别、外部知识获取和创业警觉性为因变量，其中回归 1、回归 4 和回归 6 为只加入控制变量的基准回归。首先，从回归 2 结果可知，信任对农民创业者创业机会识别有显著正向影响（$\gamma = 0.36$，$P < 0.01$），表明农民创业者的信任水平越高，创业机会识别的能力也越高，故假说 H5-1 通过验证。

其次，对外部知识获取的中介效应进行检验。从回归 5 可见，信任与外部知识获取在 1% 水平上显著正相关，回归系数为 0.41，即农民创业者信任水平越高，获取的外部创业知识也越多，故 H5-2a 得证。回归 3 中，当创业机会识别作为因变量时，外部知识获取的回归系数显著为正（$\gamma = 0.23$，$P < 0.01$），即外部知识获取可以促进农民创业者的创业机会识别，假说 H5-2b 得到支持。根据 Baron 和 Kenny 提出的逐步检验中介效应法可知（Baron and Kenny，1986），外部知识获取在信任与农民创业机会识别之间发挥积极中介效应。Sobel 检验结果 $Z = 0.15$（$P < 0.01$）进一步验证外部知识获取中介效应的显著性，因此假说 H5-2 得以验证。

再者，对创业警觉性的中介效应进行检验。回归 7 中，当创业警觉性为因变量，信任的回归系数 $\gamma = 0.42$，在 1% 显著性水平上通过统计检验，结果表明农民创业者的信任水平对创业警觉性有显著正向影响，H5-3a 通过检验。在回归 3 中，当创业机会识别为因变量时，创业警觉性的回归系数显著为正（$\gamma = 0.40$，$P < 0.01$），即创业警觉性促进农民创业者机会识别，H5-3b 通过检验。因此，逐步检验结果证实创业警觉性在农民创业者信任水平与创业机会识别之间的中介效应成立，Sobel 检验结果 $Z = 0.26$（$P < 0.01$）也证实创业警觉性的中介效应，故假说 H5-3 通过检验。

最后，对外部知识获取与创业警觉性的链式中介效应进行检验。回归 7 的结果表明外部知识获取对创业警觉性有显著正向影响（$\gamma = 0.35$，$P < 0.01$），结合信任对外部知识获取的正向作用（回归 5），可以得出外部知识获取在信任与创业警觉性之间发挥中介作用，同时，Sobel 检验结果 $Z = 0.14$（$P < 0.01$），假说 H5-4a 得到验证。此外，回归 7 和回归 3 也同时证明了创业警觉性在外部知识获取与创业机会识别之间的中介效应，Sobel 检验结果 $Z = 0.17$（$P < 0.01$），假说 H5-4b 得到支持。因此，外部知识获取与创

业警觉性在农民创业者的信任水平与创业机会识别之间存在链式中介效应。

表 5-5　中介效应层次回归分析结果

变量	创业机会识别			外部知识获取		创业警觉性	
	回归 1	回归 2	回归 3	回归 4	回归 5	回归 6	回归 7
控制变量							
性别	0.268***	0.222***	0.176**	0.044	−0.007	0.190**	0.122
	(0.080)	(0.083)	(0.073)	(0.061)	(0.061)	(0.093)	(0.088)
年龄	−0.003	−0.004	−0.007**	−0.003	−0.004	0.010***	0.009***
	(0.003)	(0.003)	(0.003)	(0.003)	(0.002)	(0.003)	(0.003)
受教育程度	0.009	0.007	0.000	0.001	0.000	0.020**	0.018**
	(0.009)	(0.009)	(0.008)	(0.007)	(0.007)	(0.009)	(0.009)
风险偏好	0.043***	0.041***	0.021*	0.042***	0.039***	0.030*	0.012
	(0.015)	(0.014)	(0.012)	(0.014)	(0.013)	(0.016)	(0.014)
是否养殖业	−0.117*	−0.117*	−0.074	−0.044	−0.044	−0.080	−0.064
	(0.069)	(0.067)	(0.055)	(0.061)	(0.059)	(0.069)	(0.062)
是否加工业	−0.101	−0.085	−0.018	0.138**	0.155***	−0.281***	−0.311***
	(0.078)	(0.076)	(0.067)	(0.062)	(0.060)	(0.086)	(0.078)
是否服务业	−0.083	−0.069	−0.080	0.132***	0.148***	−0.081	−0.110*
	(0.062)	(0.063)	(0.055)	(0.050)	(0.048)	(0.067)	(0.061)
是否浙江省	0.098	0.128**	0.008	0.061	0.095*	0.198***	0.211***
	(0.064)	(0.063)	(0.054)	(0.056)	(0.054)	(0.065)	(0.057)
是否安徽省	−0.102	−0.035	−0.009	−0.090	−0.016	−0.157**	−0.050
	(0.072)	(0.072)	(0.064)	(0.063)	(0.060)	(0.080)	(0.077)
是否陕西省	0.149**	0.164***	0.079	0.137**	0.154***	0.101	0.070
	(0.063)	(0.063)	(0.053)	(0.059)	(0.057)	(0.068)	(0.061)
年份虚拟变量	−0.004	0.010	0.036	−0.042	−0.026	−0.071	−0.040
	(0.050)	(0.049)	(0.041)	(0.045)	(0.044)	(0.053)	(0.049)
预测变量							
信任		0.365***	0.048		0.406***		0.416***
		(0.065)	(0.060)		(0.054)		(0.061)
中介变量							
外部知识获取			0.229***				0.349***
			(0.043)				(0.055)

（续）

变量	创业机会识别			外部知识获取		创业警觉性	
	回归 1	回归 2	回归 3	回归 4	回归 5	回归 6	回归 7
创业警觉性			0.401***				
			(0.041)				
常数项	3.713***	2.313***	1.406***	4.096***	2.538***	2.952***	−0.072
	(0.203)	(0.327)	(0.285)	(0.167)	(0.264)	(0.213)	(0.322)
F 值	5.142***	7.615***	22.697***	3.856***	10.466***	6.816***	19.599***
R - squared	0.050	0.097	0.333	0.042	0.115	0.078	0.244
Adjusted - R^2	0.038	0.084	0.322	0.030	0.103	0.066	0.233
样本量	880	880	880	880	880	880	880

注：***、**、*分别表示在 1%、5% 和 10% 的统计水平上显著。括号内为异方差稳健标准误。

2. 信任对农民创业机会识别的多重中介效应检验

为进一步验证外部知识获取与创业警觉性的中介效应以及外部知识获取与创业警觉性之间的链式中介效应，弥补 Sobel 检验中参数正态分布的要求以及小样本表现差等不足，本书同时采用非参数百分位 Bootstrap 法及偏差纠正的非参数百分位 Bootstrap 法。Bootstrap 法最主要的优势之一是对总体参数分布不做要求，可以更好地减少第一类错误的发生率，具有更高的检验力和更精确的置信区间（Fritz and MacKinnon，2007）。本书设定在 95% 的置信区间上随机重复抽取 1 000 次来进行 Bootstrap 检验。Bootstrap 方法给出一个置信区间，若间接置信区间不包含 0 则表明存在中介效应，若直接效应不包含 0 则说明为部分中介作用，包含 0 则为完全中介作用。分析结果如表 5 - 6 所示。信任→外部知识获取→创业机会识别路径中，两种 Bootstrap 法得到的置信区间均不包含 0，通过双尾显著性检验（$P<0.01$），标准化间接效应系数为 0.06，表明信任通过外部知识获取来影响创业机会识别的中介效应得到支持，假说 H5 - 2 得到进一步验证。信任→创业警觉性→创业机会识别路径中，两种 Bootstrap 法得到的置信区间均不包括 0，通过双尾显著性检验（$P<0.01$），标准化间接效应系数为 0.10，表明信任通过创业警觉性进而影响创业机会识别的中介效应存在，假说 H5 - 3 得到进一步证实。信任→外部知识获取→创业警觉性→创业机会识别链式中介中，两种

Bootstrap 法得到的置信区间不包含 0，通过双尾显著性检验（$P<0.01$），标准化间接效应系数为 0.04，证实外部知识获取与创业警觉性在信任对创业机会识别影响中的链式中介效应成立，假说 H5-4 也得到进一步验证。

本章进一步计算 3 条不同路径的效应量占比以及效应量差异。从表 5-6 数据可简单计算出外部知识获取的中介效应量在总间接效应量中占比 29.17%，创业警觉性的中介效应量占比 52.60%，外部知识获取与创业警觉性的链式中介效应量占比 18.22%。表明中介效应的影响程度依次为：创业警觉性＞外部知识获取＞外部知识获取与创业警觉性链式中介。此外，对 3 种中介效应进行比较，结果见表 5-6，创业警觉性与外部知识获取的中介效应差异 Diff1 未通过 Bootstrap95% 区间估计检验，但从双尾 T 检验可以得出该差异量在 95% 显著性水平上通过假设检验。外部知识获取与链式中介效应差异量 Diff2 同样未通过 Bootstrap 95% 区间估计检验，但通过了 90% 显著性水平的双尾 T 检验。创业警觉性和链式中介的中介效应差异 Diff3 显著，百分位数法 95% 置信区间与偏差校正 95% 置信区间均不包括 0。

信任→创业机会识别直接路径中，百分比 Bootstrap 法与偏差校正的 Bootstrap 法得到的置信区间均包括 0，同时未通过双尾显著性检验，说明外部知识获取、创业警觉性与链式中介共同在信任对农民创业机会识别的影响中起完全中介作用。

表 5-6　多重中介效应参数比较

	点估计系数（标准化）	参数显著性估计		Bootstrapping=1 000 次 95%区间估计				双尾检验 P 值
				百分位法		偏差校正		
		标准误	Z 值	下限	上限	下限	上限	
总效应								
信任→创业机会识别	0.220	0.040	5.529	0.145	0.303	0.129	0.303	***
直接效应								
信任→创业机会识别	0.028	0.034	0.845	−0.031	0.102	−0.032	0.102	0.398
间接效应								
总间接效应量	0.192	0.024	8.162	0.141	0.243	0.141	0.227	***
中介路径 M1	0.056	0.012	4.601	0.034	0.082	0.034	0.083	***
中介路径 M2	0.101	0.017	5.862	0.068	0.132	0.055	0.129	***

（续）

	点估计系数（标准化）	参数显著性估计		Bootstrapping＝1 000 次 95％区间估计				双尾检验 P 值
				百分位法		偏差校正		
		标准误	Z 值	下限	上限	下限	上限	
中介路径 M3	0.035	0.008	4.517	0.02	0.051	0.023	0.052	***
Diff1＝M1－M2	−0.045	0.022	−2.005	−0.082	−0.002	−0.081	0.003	0.045
Diff2＝M1－M3	0.022	0.012	1.857	0.000	0.046	−0.001	0.046	0.063
Diff3＝M2－M3	0.066	0.018	3.710	0.035	0.097	0.011	0.091	***

注：*** 表示在 1％的统计水平上显著。

M1：信任→外部知识获取→创业机会识别

M2：信任→创业警觉性→创业机会识别

M3：信任→外部知识获取→创业警觉性→创业机会识别

（二）结果讨论

首先，信任能显著促进农民创业机会识别。这一结果从侧面佐证蒋剑勇的推论（蒋剑勇等，2014），与欧美创业情境中"弱关系"起重要作用不同的是，在中国乡村创业情境下，基于血缘、地缘与友缘为基础的信任（强关系）在创业机会识别中起到更为核心的推动作用。信任水平更高的农民创业者对于协同合作更具信心，更易感知到政策导向型机会，且具有更低的沟通成本，从而增强农民创业者机会识别。

其次，外部知识获取在信任对农民创业机会识别影响中起积极中介作用。知识转移与经验分享须以信任为前提，换言之即信任可帮助创业者获取更多外部知识，这一结论与李自杰等的研究相一致（李自杰等，2010）。聚焦农民创业情境，农民创业者面临众多约束，同村或同乡创业者之间的信息互换至关重要，而这种积极的知识分享活动需要建立在双方彼此信任基础上，长久以往还可形成"互惠反馈循环"，出于信任，农民创业者会先分享自己的向前经验与创业知识，作为互惠反馈，接受知识的一方也将共享独特的信息与经历，共享群体智慧的农民创业者可能会识别出更多具有价值的创业商机。因此，外部知识获取是连接信任与农民创业机会识别的重要桥梁。

再者，创业警觉性在信任与农民创业机会识别关系中发挥正向中介作用。信任是对被信任对象的积极预期，这种积极的"心理图式"能促进农民创业者形成心理安全感，使其在创业过程中更具信心和胆量。同时，信任作为群体间的"润滑剂"成为信息搜寻与信息获取的重要保障。在内在信心增强与外在信息增加的双重作用下，创业警觉性得到显著提高。从警觉性理论可知，创业机会正是分布在人群中的不对称信息，警觉性高的农民创业者可发现并筛选出有价值的信息，促进创业机会识别。

最后，外部知识获取与创业警觉性的链式中介作用成立，即农民创业者的外部知识获取对创业警觉性具有显著正向影响，这与 Jiao 等的研究结论一致（Jiao et al.，2014）。在农民创业情境下，外部知识获取不仅包括市场营销、客户维系、行业技术等显性知识，还包括如改变当前现状的渴望以及创业自我效能感等隐性知识，农民创业者通过学习这些显性与隐性知识，能促进自身创业警觉性的提高，最终增强机会识别。

（三）稳健性检验

为检验信任对农民创业机会识别基准回归结果的稳健性，本章对核心自变量信任的测量方式进行更换。具体做法为对信任量表中的测量指标进行探索性因子分析提取公因子，以方差贡献率作为权重对各公因子进行加权平均，获得信任的综合因子得分，以此作为信任的代理变量，运用新的代理变量对基准回归模型进行重新分析。估计结果如表 5 - 7 所示，与基准回归结果对比可知，主要估计系数的显著性未发生变化，估计系数大小的变化来自变量单位的改变，因此本章实证结果具有稳健性。

表 5 - 7　信任对农民创业机会识别影响的稳健性检验结果

变量	创业机会识别			外部知识获取		创业警觉性	
	回归 1	回归 2	回归 3	回归 4	回归 5	回归 6	回归 7
信任（因子得分）	0.281***	0.262***	0.027	0.272***	0.292***	0.456***	0.314***
	(0.045)	(0.047)	(0.044)	(0.037)	(0.039)	(0.043)	(0.045)
外部知识获取			0.231***				0.348***
			(0.043)				(0.055)
创业警觉性			0.402***				
			(0.041)				

（续）

变量	创业机会识别			外部知识获取		创业警觉性	
	回归1	回归2	回归3	回归4	回归5	回归6	回归7
控制变量	No	Yes	Yes	No	Yes	No	Yes
省份虚拟变量	No	Yes	Yes	No	Yes	No	Yes
年份虚拟变量	No	Yes	Yes	No	Yes	No	Yes
F 值	39.573***	7.517***	22.622***	53.771***	9.924***	114.172***	20.388***
R - squared	0.054	0.095	0.333	0.065	0.112	0.123	0.247
Adjusted - R^2	0.053	0.082	0.322	0.064	0.100	0.122	0.236
样本量	880	880	880	880	880	880	880

注：***、**、* 分别表示在 1%、5% 和 10% 的统计水平上显著。括号内为异方差稳健标准误。

四、本章小结

本章基于机会识别理论和信任视角，结合我国乡土文化中信任的独特性及农民创业具体情境，以 880 位农民创业者为样本，运用层次回归分析与链式多重中介效应检验方法探究信任对农民创业机会识别的影响及作用机理，填补已有文献在信任视角下对农民创业机会识别的研究空白。研究结果主要包括以下 4 点：首先，信任对农民创业者的机会识别能力有显著正向影响。换言之，具有高信任水平的农民创业者在创业机会识别方面具有显著优势。其次，外部知识获取在信任与农民创业机会识别之间发挥积极中介作用，即信任程度较高的农民创业者通过增加外部知识获取来促进其创业机会识别。再次，创业警觉性在信任与农民创业机会识别之间发挥部分中介作用，即信任水平越高的农民创业者，创业警觉性越高，因而能更敏锐更迅速地识别出有前景的创业机会。最后，外部知识获取与创业警觉性在信任对农民创业机会识别的作用中发挥链式中介作用，表明农民创业者信任水平对创业机会识别的作用机制除创业警觉性和外部知识获取两者单独的中介路径外，还包括外部知识获取与创业警觉性的链式影响。

本章的研究结论有如下实践启示：第一，信任作为一种非正式制度，对正式制度有着不可替代的补偿作用，因此在完善农民创业相关正式规章与制度（如创业监管、产权保护等）的同时，应通过完善新农村文化建设和增强社会主义核心价值观等手段，提高农村地区信任水平，对信任缺失、背信弃义的商业事件增加媒体曝光度和舆论关注度，帮助农民创业者重构信任文化。第二，基于外部知识获取的正向中介效应，相关职能部门可与高校开展合作，利用网络平台开设农民创业培训，增加农民创业者的创业知识与创业技能，提升农民创业质量与层次。第三，针对创业警觉性的积极中介作用，各级政府应及时向农民创业者解读国家的各项创业政策，增强农民创业者的政策警觉性，同时应加大"互联网＋"新型农村建设，扩宽农民信息获取渠道，提升农民创业者对潜在创业机会的敏锐性，从而提高农民创业机会识别能力。

第六章　信任与农民创业资源获取

　　人类开展一切形式的活动，资源都是必不可少的条件。对于创业活动来说，尤其如此。资源基础观认为资源是企业生存的核心，具有稀有、不可替代等属性，是企业与企业之间绩效差异的根源。已有研究指出相比城市地区，农村地区的典型特征之一是创业资源不足（董静和赵策，2019）。因此，如何有效获取创业资源已成为农民创业者需要解决的现实问题之一。

　　针对这一现实问题，学者们开始对创业资源的影响因素进行了研究讨论，影响因素主要包括：先前经历（王兵等，2018），社会网络（蒋剑勇等，2013），关系嵌入（杨特等，2018）等。从以上研究可知，农民创业所嵌入的网络对其获取资源至关重要，然而另有一些研究指出创业过程中的社会网络关系嵌入过度如同身陷"盘丝洞"会导致新创企业产生认知偏差，而且对创业资源获取具有抑制作用（杨震宁等，2013；Newbert and Tornikoski，2013）。社会网络有限的作用力迫使学者们继续寻找更深层次因素。而信任，作为社会网络形成过程中的重要机制（Smith and Lohrke，2008），不仅可以促进资源交换和信息流动，还具有约束惩罚机制能抑制合作中由于不对称导致的机会主义行为。已有实证研究发现信任可以促进农户的资金互助行为（张培和王爱民，2017），增强创业过程中的信息资源搜寻行为（周冬梅和鲁若愚，2011），因此，信任可能为解决农民创业者资源约束提供了新方向，但鲜有研究直接探讨信任对农民创业资源获取的影响效应。

　　鉴于此，本章采用浙江、安徽、河南和陕西 4 省 885 个农民创业者的调研数据，运用 Probit 和 IV‐Probit 等方法，针对农民创业过程中三种重要的资源：创业资金、劳动力资源、信息资源，实证检验信任对农民创业资源获取的影响效应。

一、信任对农民创业资源获取影响的理论分析

农民创业活动多开展于乡村地区，与创业各要素市场的物理距离较远，因此，在创业过程中面临资本、土地、劳动力等核心资源约束的程度更大。研究表明基于信任的关系纽带对创业资源获取至关重要（李颖晖，2020）。更准确地说，中国关系主义文化规范下，创业者依靠强纽带、高信任的人际关系来建立"核心关系圈"，捕捉可靠商机，获取稀缺资源、信息和人才，应对各种经营危机（边燕杰和杨洋，2019）。

（一）信任对农民创业资金获取的研究假说

资本匮乏被认为是农民创业面临的第一大障碍（何婧和李庆海，2019；粟芳等，2019）。创业是一项风险投资，若没有足够的资金支持，将难以发展长久。因此，如何提高资金资源的可得性一直是创业者面临的重要问题。信任或许是解决这一问题的突破口，李新春等（2015）研究发现信任可以促进创业者获得来自家人与朋友的爱心资金。Wu等（2014）采用2003—2008年间中国上市的非国有企业为样本分析表明信任可以克服小微企业的融资约束。一方面，信任可以增加正式和非正式借贷的可得性，柴时军（2019）研究发现信任可促进家庭的融资行为，对非正规渠道融资额度的影响最大。尹志超和潘北啸（2020）分析发现信任能够提高正规信贷的可得性，同时降低非正规借贷的概率，尤其是在农村地区影响更为明显。杨金龙（2018）利用2013年中国综合社会调查的数据分析发现，农民创业者往往因为缺乏贷款抵押品及严苛的贷款条件而选择求助于非正规信贷，较高的信任水平、良好的关系网络可以在非正规金融渠道获取资金的过程中起积极作用。另一方面，信任可以促进农村地区的资金互助行为，进而促进创业。面对农村地区的金融服务供给不足等困境，农户自发组织并形成资金互助社等非正式机构，对于缓解农村地区资金压力，满足农民创业者信贷需求起到不可替代的作用。但是，该非正式机构由于缺乏规范引导与政府有效监管，导致发展进程缓慢。信任作为一种非正式制度，可以在一定程度上弥补正式制度框架的不足。张培和王爱民（2017）采用393份农户的微观调查数据分析发现信任

对农户参与资金互助的意愿具有显著正向影响。李明贤和周蓉（2018）通过剖析合作社内部的资金互助行为发现，信任是社员进行资金互助行为的基础，可降低信息不对称，促进资金互助的有效进行。由此，本章提出假说：

H6-1：农民创业者的信任正向促进创业资金的获取。

（二）信任对农民创业劳动力资源获取的研究假说

农民创业在起步阶段多以小规模自我雇用为主，随着创业事业发展、规模增大，雇用劳动力成为农民创业者实现进一步发展的必然路径。而农村地区富余劳动力需要在自家农业生产经营、外出打工还是加入农民创业者事业等选项中做出个人的职业选择，其决策的依据不仅包括所选工作面临的风险及比较收益等硬性条件，还包括工作氛围、工作满意度及被尊重程度等软性条件。多数研究发现领导对员工的信任能力显著提高员工的工作满意度（段正梁等，2015）。因此，受雇于农民创业者的信任水平越高，该员工获得的工作满意度也越高。另一方面，信任水平较高的农民创业者更愿意对外界人员（包括下属员工）施以信任，促使被雇用员工获得被尊重和被重视的感受，激发员工创造力，使其更愿意为创业事业付出全部努力。Jaiswal 和 Dhar（2017）利用 48 个创业团队的数据发现，雇主与员工之间的信任可以使员工表现出更大程度的创造力。不仅如此，Kim 等（2018）利用 247 个雇主与员工的配对数据也发现，雇主与员工之间的信任对团队人际关系的促进及任务绩效具有显著的促进作用。由此，本章提出假说：

H6-2：农民创业者的信任正向促进创业劳动力资源的获取。

（三）信任对农民创业信息资源获取的研究假说

创业活动中，信息作为一种重要资源已经得到学界的一致认同（Zenebe et al.，2018）。创业信息获取指创业者为满足信息需求而广泛采取的信息搜寻行为及过程（赵媛等，2016）。创业活动本身也可以看作是信息搜集、信息加工、信息利用与信息分享的系列过程（张秀娥和祁伟宏，2016）。但现实情况是，在农村地区，受到外部信息获取渠道单一、获取方式传统及有效性低与自身受教育水平低、认知能力较弱等多方面因素的影响，农民在信息获取方面呈现出水平较低的特征。信息共享的相关文献认为信任会在信息的互动、交流及分享等方面起到重要的推动作用。信任可以使信息交换的双方以更加慷慨的态度对待彼此，提升信息交换的效率与频率（周冬梅和鲁若愚，2011）。举例来说，一方面，信任水平较高的农民更愿意与周边不同群体进行日常交流和互动，增加信息交换的可能性。另一方面，高信任水平的农民与其社会网络成员进行广泛沟通时，更愿意分享自己所了解的信息，在这种情境中，作为回馈，其他网络成员也同样会分享信息，提高有效信息获取的概率。因此，本章提出假说：

H6－3：农民创业者的信任正向影响创业信息获取。

二、信任对农民创业资源获取影响的实证检验

（一）样本基本情况

本章数据来源于课题组 2017 年和 2019 年分别在浙江、安徽、河南和陕西 4 省共计 10 个地级市的两次农村居民创新创业问卷调查。两次调研共收回问卷 917 份，剔除无效问卷和本章变量缺少样本后，获得适合本章的有效样本 885 个。在受访样本中，创业者以男性居多，占比 90.28％；创业者年龄以 41～50 岁年龄段居多，占比达 43.44％；创业者受教育水平以高中或中专学历居多，占比为 68.78％；从创业所处行业来看，种植业占比最高为 45.76％，其次是服务业 23.28％，然后为养殖业 17.63％，加工业占比最少仅为 13.33％。

（二）变量测量与描述性统计

1. 因变量

创业资源获取。包括创业资金获取，劳动力资源获取，信息资源获取。其中，根据创业资金的获取渠道，又分为从亲戚朋友处筹得资金，利用社会关系筹得资金，从银行贷款筹得资金等 3 个变量。

2. 自变量

信任。如前文所述，信任包括情感信任，制度信任与社会信任 3 个维度。情感信任共 5 个题项，包括与亲戚、同一大姓成员、朋友等的相互信任

程度。制度信任共 4 个题目，包括对中央及当地政府、政府规程等的信任程度。社会信任共 3 个题项。所有题项均采用 Likert 五点测量。

3. 控制变量

参考已有文献，本章选取性别、年龄、受教育程度、婚姻状况、村干部任职、健康状况、风险态度、手机使用、创业经验等变量表征样本的个体特征，选取社会网络、家庭人口规模等反映家庭特征，选取创业氛围表征村庄特征，为控制不同行业、不同区域等未观测到的因素对模型估计的影响，本章还以种植业为参照组，引入行业虚拟变量，以河南省为参照组，引入区域虚拟变量。

上述变量的定义、说明及描述性统计如表 6-1 所示。

表 6-1　变量定义、说明及描述性统计

变量名称	变量说明	均值	标准差
因变量			
亲戚朋友筹资	是＝1，否＝0	0.131	0.338
社会关系筹资	是＝1，否＝0	0.071	0.257
银行贷款	是＝1，否＝0	0.077	0.266
劳动力资源获取	是＝1，否＝0	0.278	0.448
信息资源获取	是＝1，否＝0	0.210	0.408
核心自变量			
信任	量表总得分	4.060	0.427
情感信任	量表得分	3.984	0.469
制度信任	量表得分	4.306	0.576
社会信任	量表得分	3.889	0.690
个体特征			
性别	男＝1，女＝0	0.903	0.296
年龄	单位：岁	45.372	8.685
受教育程度	单位：年	10.421	3.084
婚姻状况	已婚＝1，未婚＝0	0.974	0.159
任职村干部	是＝1，否＝0	0.168	0.383
健康状况	1＝不健康，2＝一般，3＝比较健康，4＝很健康，5＝非常健康	4.051	1.037

（续）

变量名称	变量说明	均值	标准差
风险态度	极度厌恶风险＝1，厌恶风险＝2，风险中性＝3，偏好风险＝4，极度偏好风险＝5	2.746	1.637
手机使用	是＝1，否＝0	0.506	0.500
创业经验	是＝1，否＝0	0.544	0.498
家庭特征			
社会网络	与家庭关系密切的人（个）	24.554	45.648
家庭人口规模	单位：人	4.714	1.569
社区特征			
创业氛围	非常差＝1，比较差＝2，一般＝3，比较好＝4，非常好＝5	3.693	1.000
行业虚拟变量			
养殖业	是＝1，否＝0	0.176	0.381
加工业	是＝1，否＝0	0.133	0.340
服务业	是＝1，否＝0	0.233	0.423
区域虚拟变量			
是否安徽	是＝1，否＝0	0.253	0.435
是否浙江	是＝1，否＝0	0.179	0.383
是否陕西	是＝1，否＝0	0.240	0.427

注：风险态度通过情景假设的"抛硬币"游戏进行衡量，具体选项内容为"无论抛出正反面，您都获得250元"＝1，"抛出正面得200，反面得400元"＝2，"抛出正面得150，反面得550元"＝3，"抛出正面您得100元，反面得700元"＝4；"抛出正面您得0元，反面得1 000元"＝5。

（三）模型设定

1. Probit 模型

由于本章因变量资金获取渠道，劳动力获取和信息资源获取均为二值响应变量，因此，通过构建 Probit 模型进行估计，设定模型如下：

$$\text{Prob}\,(y_i = 1 \mid X_i) = \Phi\,(\alpha_i T_i + \beta_i Z_i + \varepsilon_i) \qquad (6-1)$$

其中，y_i 为可观察的二值变量（如资金获取渠道，劳动力获取，信息获取等），T_i 为农民的信任水平，Z_i 为除信任外影响农民创业资源获取的外生控制变量。α_i、β_i 为待估参数，ε_1 为随机干扰项。

2. IV – Probit 模型

由于可能存在遗漏变量同时影响信任与农民创业资源获取，引起内生性问题，导致 Probit 模型得到不一致估计。因此设定工具变量 Probit 模型：

$$y_i^* = \alpha_1 X + \beta_1 T + \xi_1 \qquad (6-2)$$

$$T = \alpha_2 X + \gamma_2 Z + \xi_2 \qquad (6-3)$$

$$y_i = 1(y^* > 0) \qquad (6-4)$$

其中，y_i^* 为不可观测的潜变量，本章指创业资源获取。y_i 为可观测到的二值变量（如资金获取渠道，劳动力获取，信息获取等），X 为影响农民创业资源获取的外生解释变量，T 为模型中可能的内生解释变量信任。随机误差项（ξ_1，ξ_2）服从期望为 0 的二维正态分布，从公式（6-2）和公式（6-3）可知，T 的内生性全部源于 ξ_1 和 ξ_2 的相关性，若检验两者的相关系数为 0，则可判定 T 为外生变量。Z 为需要寻找的工具变量，该工具变量需与农民的信任具有高度相关性，但与农民创业资源获取不相关。采用 Rivers 和 Vuong（1988）的两步法估计 IV – Probit 模型，第一步估计公式（6-3）获得残差 ξ_2 的估计量 $\hat{\xi_2}$，第二步将残差估计 $\hat{\xi_2}$ 作为控制变量放入工具变量主回归模型中，以获得信任对农民创业资源获取的干净影响系数。

三、信任对农民创业资源获取影响的结果与分析

（一）信任对农民创业资金资源获取的估计结果

信任对农民创业资金获取的估计结果如表 6-2 中回归 1、回归 5、回归 6 所示。其中，回归 1 的因变量为是否从亲戚朋友处获取资金，由表中结果可知，信任在 1% 的显著性水平上正向影响从亲戚朋友处获取资金。从具体边际效应系数看，信任水平每增加 1 个单位，从亲戚朋友处获取资金的概率提高 8%，具有经济上的显著性。分维度看，情感信任在 1% 的显著性水平上正向影响从亲戚朋友处获取资金，边际效应系数为 0.084，即情感信任每增加 1 个单位，从亲戚朋友处获取资金的概率增加 8.40%，如前文所述，

情感信任是基于多种情感依恋的信任，情感信任通常存在于创业者最亲密的家庭关系圈和亲戚朋友圈，因此情感信任较高的创业者，可以得到更多来自亲戚朋友的支持，包括资金援助；制度信任在 1% 显著性水平上正向影响从亲戚朋友处获取资金，边际效应系数为 0.048，即制度信任水平提高 1 个单位，可增加 4.8% 的概率从亲戚朋友处获取资金，可能的解释是，对政府或组织机构具有较高信任的农民创业者往往更能把握农业产业政策的支持方向，也具有更大的创业成功可能性，基于这种判断，将更容易从亲戚朋友处筹集资金；社会信任对从亲戚朋友处筹集资金未通过显著性检验，该结果表明，社会信任水平高的农民创业者并不能从亲戚朋友处获得创业资金。综合对比三个维度信任的边际效应系数可以发现，从情感信任到制度信任、再到社会信任，边际效应逐渐减少到不显著，表明随着信任半径的扩大，信任对农民创业者亲戚朋友的影响不断减小。表 6-2 中回归 5 为信任对从社会关系筹资的估计结果，回归系数未通过显著性检验，表明农民创业者的信任水平并不能提高利用社会关系筹资的概率，该结果进一步论证信任具有作用半径。表 6-2 中回归 6 为农民创业者信任对是否获得银行贷款的估计结果，回归系数未通过显著性检验，可能的解释为目前银行是否放贷的主要依据是担保抵押品，因此信任在其中起到的作用微乎其微。从控制变量的结果来看，性别、年龄等特征对农民创业者资金获取没有显著影响。受教育水平对从亲戚朋友处筹资无显著影响，但对从社会关系和银行贷款中获取资金具有正向影响，表明亲戚朋友在提供资金时并不看重农民创业者的受教育情况，但社会关系和银行在出借资金时会将创业者的受教育情况作为参考。手机使用在 1% 的统计水平上正向影响从亲戚朋友处筹资，手机可以增进与亲戚朋友的日常交流，拉近双方距离，从而提高资金获取的概率。行业特征中，相比种植业，加工业的农民创业者具有更高概率从亲戚朋友处获得资金，原因可能是相比传统种植业，加工业本身需要更多的资金用于购买原材料、设备，及雇用掌握技术技能的工人。综上所述，假说 H6-1 得到证实。

此外，回归诊断结果显示，表 6-2 中 6 个回归模型最大的 VIF 均小于经验参考值 5（Sheather，2009），因此不存在严重的多重共线性问题。由于本章分析数据为截面数据，可能存在异方差问题，故所有回归均采用异方差稳健标准误以期得到更准确的估计结果。

表 6-2 信任对不同资金获取渠道影响的估计结果

变量	亲戚朋友				社会关系	银行贷款
	回归 1	回归 2	回归 3	回归 4	回归 5	回归 6
信任	0.080***				−0.023	0.011
	(0.030)				(0.018)	(0.021)
情感信任		0.084***				
		(0.027)				
制度信任			0.048**			
			(0.024)			
社会信任				0.019		
				(0.017)		
性别	−0.011	−0.016	−0.008	−0.002	0.018	−0.037
	(0.038)	(0.038)	(0.038)	(0.038)	(0.028)	(0.028)
年龄	0.002	0.002	0.001	0.002	0.000	0.000
	(0.001)	(0.001)	(0.001)	(0.001)	(0.001)	(0.001)
受教育程度	−0.006	−0.005	−0.006	−0.006	0.009***	0.005*
	(0.004)	(0.004)	(0.004)	(0.004)	(0.003)	(0.003)
婚姻状况	−0.031	−0.041	−0.022	−0.033	−0.079*	−0.012
	(0.078)	(0.079)	(0.077)	(0.078)	(0.041)	(0.051)
任职村干部	−0.007	−0.007	−0.009	−0.002	0.050**	0.011
	(0.029)	(0.029)	(0.029)	(0.029)	(0.020)	(0.022)
健康状况	−0.012	−0.011	−0.011	−0.011	0.005	−0.010
	(0.010)	(0.010)	(0.011)	(0.010)	(0.008)	(0.009)
风险态度	−0.008	−0.009	−0.007	−0.008	0.004	0.006
	(0.007)	(0.007)	(0.007)	(0.007)	(0.005)	(0.005)
手机使用	0.086***	0.086***	0.086***	0.086***	0.011	−0.026
	(0.023)	(0.023)	(0.023)	(0.023)	(0.017)	(0.019)
社会网络	0.000	0.000	0.000	0.000	−0.000	−0.000
	(0.000)	(0.000)	(0.000)	(0.000)	(0.000)	(0.000)
创业经验	0.012	0.008	0.013	0.014	0.013	0.019
	(0.022)	(0.022)	(0.022)	(0.022)	(0.017)	(0.018)
创业氛围	−0.011	−0.010	−0.010	−0.005	0.003	−0.010
	(0.011)	(0.011)	(0.011)	(0.011)	(0.008)	(0.008)

（续）

变量	亲戚朋友				社会关系	银行贷款
	回归 1	回归 2	回归 3	回归 4	回归 5	回归 6
养殖业	−0.027	−0.024	−0.027	−0.026	0.020	−0.033
	(0.030)	(0.030)	(0.031)	(0.031)	(0.025)	(0.027)
加工业	0.065**	0.066**	0.070**	0.063**	0.058**	0.015
	(0.032)	(0.032)	(0.032)	(0.032)	(0.027)	(0.026)
服务业	−0.038	−0.038	−0.035	−0.039	0.028	−0.032
	(0.031)	(0.030)	(0.031)	(0.031)	(0.022)	(0.023)
省份虚拟变量	Yes	Yes	Yes	Yes	Yes	Yes
年份虚拟变量	Yes	Yes	Yes	Yes	Yes	Yes
Pseudo $- R^2$	0.079	0.083	0.074	0.069	0.076	0.071
Max $- VIF$	1.60	1.61	1.61	1.60	1.61	1.61
样本量	885	885	885	885	885	885

注：表中报告的是 Probit 模型平均边际效应；***、**、* 分别表示在 1%、5% 和 10% 的统计水平上显著。括号内为异方差稳健标准误。

（二）信任对农民创业劳动力资源获取的估计结果

表 6-3 汇报了信任对农民创业者劳动力资源获取的估计结果。回归 1 为信任整体水平对劳动力资源获取的影响，从表中系数可知，农民创业者信任水平对劳动力资源获取具有显著正向影响，从边际效应系数看，信任水平每提高 1 个单位，农民创业者获取劳动力资源的概率增加 13.80%，表明信任水平高的农民创业者在为新创事业雇用劳动力时具有更多的优势。表 6-3 中回归 2～4 为信任分维度的估计结果。回归 2 为情感信任对农民创业者劳动力资源获取影响的结果，该估计系数在 1% 的统计水平上显著为正。实地调查中发现，由于农村地区的地缘和血缘特征，农民创业活动雇用的劳动力多为本地居民，尤其是创业者的亲戚朋友及熟人，而情感信任发挥作用的主要对象即亲戚朋友圈。从边际效应系数来看，情感信任每提高 1 个单位，农民创业者获取劳动力资源的概率增加 13.10%，具有显著经济意义。制度信任对农民创业者劳动力获取影响如表中回归 3 所示，结果表明，制度信任对劳动力获取的回归系数未通过显著性检验，其可能的原因为，制度信任表征

农民创业者对制度与政府的信任程度，制度信任水平高的创业者更愿意去正规人力资源市场雇用劳动力，但在农村创业情境中，因正规人力资源市场距离较远，雇用成本较高，因此农民创业者并未将其作为劳动力的主要获取渠道，在回归中表现出不显著的关系。社会信任对农民创业者劳动力资源获取影响的估计结果见回归4，表中系数显示社会信任在1%统计水平上对劳动力资源获取具有显著正向影响。农民创业者在开展创业活动时，除亲戚朋友这一主要劳动力来源渠道外，还会选择从乡村社会中雇用劳动力，在这种情况下，社会信任就能发挥积极作用。从社会信任的边际效应系数看，农民创业者的社会信任水平每提高1个单位，创业劳动力获取的概率增加7%。就控制变量而言，受教育水平对农民创业劳动力资源获取具有显著负向影响，其主要原因可能是，具有相同教育背景和程度的人更能形成共鸣，而农村地区整体受教育水平偏低，因此农民创业者的受教育程度可能抑制了其与普通村民的交流互动，从而不利于获取劳动力。任职村干部通过1%显著性水平的检验，具有村干部任职经历的农民创业者往往具有更多的人脉资源，更容易招募创业所需劳动力，而且村干部的身份让创业者获得额外的权威性，有助于创业劳动力的雇用。

本部分回归采用异方差稳健的标准误，同时对全部模型进行多重共线性检验，诊断结果 VIF 最大值未超过经验值，表明不存在严重多重共线性问题，估计结果可靠。

表6-3　信任对劳动力资源获取影响的估计结果

变量	劳动力资源获取			
	回归1	回归2	回归3	回归4
信任	0.138***			
	(0.038)			
情感信任		0.131***		
		(0.034)		
制度信任			0.023	
			(0.029)	
社会信任				0.071***
				(0.023)

（续）

变量	劳动力资源获取			
	回归 1	回归 2	回归 3	回归 4
性别	0.045	0.035	0.058	0.061
	(0.052)	(0.053)	(0.053)	(0.052)
年龄	−0.003	−0.002	−0.003	−0.003
	(0.002)	(0.002)	(0.002)	(0.002)
受教育程度	−0.012**	−0.011**	−0.012**	−0.011**
	(0.005)	(0.005)	(0.005)	(0.005)
婚姻状况	−0.123	−0.137	−0.114	−0.124
	(0.093)	(0.091)	(0.092)	(0.093)
任职村干部	0.102***	0.104***	0.109***	0.110***
	(0.039)	(0.039)	(0.039)	(0.038)
健康状况	0.022	0.023	0.025	0.023
	(0.015)	(0.015)	(0.015)	(0.015)
风险态度	−0.001	−0.002	−0.001	−0.002
	(0.009)	(0.009)	(0.009)	(0.009)
手机使用	−0.021	−0.023	−0.020	−0.018
	(0.031)	(0.030)	(0.031)	(0.031)
社会网络	0.000	0.000	0.000	0.000
	(0.000)	(0.000)	(0.000)	(0.000)
创业经验	0.009	0.002	0.011	0.013
	(0.030)	(0.030)	(0.030)	(0.030)
家庭人口规模	−0.009	−0.008	−0.010	−0.010
	(0.010)	(0.010)	(0.010)	(0.010)
创业氛围	0.018	0.021	0.027*	0.026
	(0.016)	(0.016)	(0.016)	(0.016)
养殖业	0.018	0.019	0.020	0.018
	(0.042)	(0.042)	(0.043)	(0.043)
加工业	0.089*	0.088*	0.088*	0.077
	(0.048)	(0.047)	(0.048)	(0.047)
服务业	0.086**	0.088**	0.083**	0.079**
	(0.040)	(0.040)	(0.040)	(0.040)

（续）

变量	劳动力资源获取			
	回归 1	回归 2	回归 3	回归 4
省份虚拟变量	Yes	Yes	Yes	Yes
年份虚拟变量	Yes	Yes	Yes	Yes
Pseudo - R^2	0.047	0.049	0.034	0.044
样本量	885	885	885	885

注：表中报告的是 Probit 模型平均边际效应；***、**、* 分别表示在 1％、5％和 10％的统计水平上显著；括号内为异方差稳健标准误；所有回归模型中最大 VIF 均小于 3。

（三）信任对农民创业信息资源获取的估计结果

表 6-4 显示了信任对农民创业者信息资源获取的估计结果。其中，回归 1 为信任整体水平对信息资源获取的回归结果，从表中系数可知，信任在 1％的统计水平上显著正向影响农民创业者的信息资源获取，从边际效应的大小看，信任每增加 1 个单位，信息资源获取的概率提高 11.80％，具有显著的经济意义。信任水平较高的农民创业者更愿意以慷慨的态度与其他网络成员分享所了解的信息，作为回馈，其他成员也会持同样态度进行信息交换，因此，获取创业信息的概率更高。表 6-4 中回归 2～4 为分维度信任的估计结果。回归 2 中核心自变量为情感信任，从系数可知，情感信任在 5％的显著性水平正向影响农民创业者信息资源获取，情感信任水平较高的农民创业者往往更加信任身边亲近的人，这些亲近的人会毫无保留地提供所掌握的信息，形成创业者早期的核心信息库。从边际效应系数来看，情感信任每增加 1 个单位，创业信息资源获取的概率提高 7.70％。回归 3 为制度信任对农民创业者信息资源获取的结果，制度信任的估计系数为正，但未通过统计的显著性检验，表明制度信任高的农民创业者并没有更高的概率可以获取创业所需信息资源。回归 4 中核心自变量为社会信任，从表中系数可知，社会信任在 1％的统计水平上显著正向影响农民创业者信息资源获取。社会信任表征的是农民创业者对社会的一般信任程度，本质上属于 Granovetter（1973）提出的弱联系，该弱联系可以为个体带来更多的信息来源，从而促进农民创业者的信息资源获取。从社会信任的边际效应看，社会信任每提高

1个单位,农民创业者获取信息资源的概率增加5.90%。就控制变量而言,创业氛围对创业信息资源获取具有显著正向影响,可能是因为创业氛围浓厚的地区,创业信息的供给渠道多样、供给数量巨大,因此创业者可以较为容易地获取所需信息。

为缓解截面数据异方差问题和多重共线性问题对结果的影响,本部分继续采用异方差稳健的标准误,同时对全部模型进行多重共线性检验,诊断结果VIF最大值未超过参考值,表明不存在严重多重共线性问题,估计结果可靠。

表6-4 信任对创业信息资源获取影响的估计结果

变量	信息资源获取			
	回归1	回归2	回归3	回归4
信任	0.118***			
	(0.035)			
情感信任		0.077**		
		(0.031)		
制度信任			0.044	
			(0.027)	
社会信任				0.059***
				(0.022)
性别	−0.009	−0.009	−0.000	0.004
	(0.047)	(0.048)	(0.048)	(0.047)
年龄	0.002	0.002	0.002	0.002
	(0.002)	(0.002)	(0.002)	(0.002)
受教育程度	−0.000	−0.000	−0.000	0.000
	(0.005)	(0.005)	(0.005)	(0.005)
婚姻状况	−0.130*	−0.136*	−0.120	−0.131*
	(0.078)	(0.077)	(0.077)	(0.077)
任职村干部	0.030	0.032	0.031	0.037
	(0.036)	(0.036)	(0.036)	(0.036)
健康状况	0.023	0.024*	0.025*	0.024*
	(0.014)	(0.014)	(0.014)	(0.014)
风险态度	0.011	0.011	0.012	0.011
	(0.008)	(0.008)	(0.008)	(0.008)

（续）

变量	信息资源获取			
	回归 1	回归 2	回归 3	回归 4
手机使用	0.026	0.024	0.026	0.028
	(0.028)	(0.028)	(0.028)	(0.028)
社会网络	0.000	0.000	0.000	0.000
	(0.000)	(0.000)	(0.000)	(0.000)
创业经验	−0.004	−0.008	−0.003	−0.002
	(0.027)	(0.028)	(0.028)	(0.028)
家庭人口规模	−0.003	−0.003	−0.004	−0.004
	(0.009)	(0.009)	(0.009)	(0.009)
创业氛围	0.027*	0.032**	0.032**	0.033**
	(0.015)	(0.015)	(0.015)	(0.015)
养殖业	0.082**	0.084**	0.085**	0.082**
	(0.037)	(0.037)	(0.037)	(0.037)
加工业	0.101**	0.100**	0.106**	0.091**
	(0.042)	(0.043)	(0.043)	(0.042)
服务业	0.038	0.039	0.038	0.032
	(0.038)	(0.038)	(0.038)	(0.038)
省份虚拟变量	Yes	Yes	Yes	Yes
年份虚拟变量	Yes	Yes	Yes	Yes
Pseudo - R^2	0.048	0.042	0.038	0.045
样本量	885	885	885	885

注：表中报告的是 Probit 模型平均边际效应；***、**、* 分别表示在 1%、5% 和 10% 的统计水平上显著；括号内为异方差稳健标准误。所有回归模型中最大 VIF 均小于 3。

（四）内生性讨论与稳健性分析

1. 内生性讨论

上述基准回归模型可能存在由于反向因果与遗漏变量导致的内生性偏误，具体来说，一方面，获得创业资源的创业者可能具有更高信任水平，该反向因果关系将高估信任的影响，另一方面，受研究者的局限性影响，可能存在既影响信任又影响创业资源获取的遗漏变量，如创业者的信息搜索能力。为此，本书选取"同一县域同一年龄段其他创业者的信任平均值"作为受访者信任的工具变量①，主要依据是创业者的信任与所在地区和所处年龄段存在较大相关性，但该平均信任水平不会直接影响农民创业者的创业信息资源获取。工具变量的估计结果如表6-5所示，从系数的显著性来看，信任显著正向促进从亲戚朋友处筹资，同时信任对劳动力资源获取和信息资源获取具有显著正向影响，与基准回归模型的结果保持一致。

表6-5　信任对农民创业资源获取的工具变量估计结果

变量	亲戚朋友	社会关系	银行贷款	劳动力资源获取	信息资源获取
	IV－Probit	IV－Probit	IV－Probit	IV－Probit	IV－Probit
	(1)	(2)	(3)	(4)	(5)
信任	0.436**	−0.329	−0.086	0.368**	0.513***
	(0.194)	(0.207)	(0.214)	(0.159)	(0.166)
性别	−0.051	0.160	−0.263	0.132	−0.043
	(0.198)	(0.244)	(0.209)	(0.170)	(0.177)
年龄	0.008	0.002	0.003	−0.008	0.007
	(0.008)	(0.009)	(0.009)	(0.006)	(0.007)
受教育程度	−0.032	0.069***	0.037	−0.038**	−0.001
	(0.020)	(0.025)	(0.024)	(0.016)	(0.017)
婚姻状况	−0.075	−0.710**	−0.084	−0.396	−0.471
	(0.404)	(0.331)	(0.402)	(0.282)	(0.300)
任职村干部	−0.044	0.425**	0.102	0.333***	0.104
	(0.156)	(0.165)	(0.174)	(0.124)	(0.131)
健康状况	−0.055	0.043	−0.067	0.076	0.084*
	(0.056)	(0.075)	(0.066)	(0.049)	(0.051)
风险态度	−0.039	0.025	0.045	−0.005	0.040
	(0.035)	(0.042)	(0.041)	(0.029)	(0.030)
手机使用	0.436***	0.082	−0.191	−0.063	0.095
	(0.120)	(0.145)	(0.138)	(0.097)	(0.103)
社会网络	0.001	−0.000	−0.000	0.000	0.001
	(0.001)	(0.002)	(0.001)	(0.001)	(0.001)

---

①　具体来说，设县域 j 年龄段 k 中的第 n 个创业者的县域平均信任水平为 $\left(\sum_{n=1}^{N_{jk}} Trust_{jkn} - Trust_{jkn} \right) / (N_{jk}-1)$，其中 N_{jk} 为县域 j 内年龄段 k 中创业者总数。

（续）

变量	亲戚朋友 IV - Probit （1）	社会关系 IV - Probit （2）	银行贷款 IV - Probit （3）	劳动力资源获取 IV - Probit （4）	信息资源获取 IV - Probit （5）
创业经验	0.070	0.096	0.146	0.029	−0.015
	(0.115)	(0.139)	(0.135)	(0.094)	(0.099)
家庭人口规模	−0.065	0.063	0.005	−0.029	−0.011
	(0.040)	(0.043)	(0.045)	(0.031)	(0.033)
创业氛围	−0.055	0.040	−0.056	0.059	0.090*
	(0.060)	(0.071)	(0.068)	(0.049)	(0.052)
养殖业	−0.120	0.131	−0.234	0.063	0.302**
	(0.166)	(0.198)	(0.202)	(0.133)	(0.137)
加工业	0.327**	0.457**	0.106	0.275*	0.370**
	(0.165)	(0.209)	(0.194)	(0.146)	(0.153)
服务业	−0.187	0.193	−0.254	0.272**	0.142
	(0.163)	(0.177)	(0.176)	(0.124)	(0.134)
省份虚拟变量	Yes	Yes	Yes	Yes	Yes
年份虚拟变量	Yes	Yes	Yes	Yes	Yes
样本量	885	885	885	885	885
Wald 外生性检验 P 值	0.762	0.232	0.198	0.518	0.444
弱工具变量 AR 检验 P 值	0.025	0.114	0.687	0.020	0.002

注：***、**、*分别表示在1%、5%和10%的统计水平上显著；括号内为异方差稳健标准误。

标准 IV - Probit 模型的检验主要包括三个部分：外生性检验，过度识别检验和弱工具变量检验。由于本章可能内生的变量个数等于工具变量个数，无需进行过度识别检验。因此，下面将主要进行外生性检验和弱工具变量检验，检验结果如表 6-5 最后两行所示。首先，外生性检验的原假设为"H_0：待检验自变量为外生"，表中第 1 列至第 5 列的 Wald 统计量对应的 P 值均大于 10%，因此不能拒绝原假设。其次，第 1 列、第 4 列、第 5 列中弱工具变量检验的 AR 统计量对应 P 值均小于 5%，因此可以在 5% 的统计水平下认为所选工具变量不是弱工具变量。综合来看，在所需工具变量为非弱工具变量的前提下，不能拒绝信任为外生变量的假设，因此，可以判定本章基准回归模型无严重的内生性偏差。

2. 稳健性检验

为进一步检验信任对农民创业资源获取估计结果的稳健性，本书采用因子得分法重新计算信任水平，在此基础上进行基准回归模型的再估计。结果如表 6-6 所示。新生成的信任在 1‰ 的统计水平上显著促进了从亲戚朋友处获取资金，同时对劳动力资源获取、信息资源获取的估计系数均为正且通过了 1‰ 的显著性水平检验。从边际效应系数的大小来看，与基准回归模型的差异较小。由此可知，本章基准估计结果较为稳健。

表 6-6 信任对农民创业资源获取影响的稳健性检验结果

变量	亲戚朋友	社会关系	银行贷款	劳动力资源获取	信息资源获取
	(1)	(2)	(3)	(4)	(5)
信任（因子得分）	0.065***	−0.016	0.010	0.098***	0.081***
	(0.023)	(0.014)	(0.015)	(0.028)	(0.026)
性别	−0.014	0.017	−0.040	0.033	−0.015
	(0.038)	(0.028)	(0.028)	(0.053)	(0.048)
年龄	0.002	0.000	0.000	−0.002	0.002
	(0.001)	(0.001)	(0.001)	(0.002)	(0.002)
受教育程度	−0.006	0.009***	0.005*	−0.012**	−0.000
	(0.004)	(0.003)	(0.003)	(0.005)	(0.005)
婚姻状况	−0.016	−0.090**	−0.012	−0.125	−0.129*
	(0.079)	(0.042)	(0.052)	(0.092)	(0.077)
任职村干部	−0.012	0.051**	0.011	0.102***	0.029
	(0.029)	(0.021)	(0.022)	(0.039)	(0.036)
健康状况	−0.010	0.004	−0.010	0.024	0.024*
	(0.010)	(0.009)	(0.009)	(0.015)	(0.014)
风险态度	−0.007	0.003	0.006	−0.001	0.012
	(0.007)	(0.005)	(0.005)	(0.009)	(0.008)
手机使用	0.086***	0.011	−0.026	−0.022	0.026
	(0.023)	(0.017)	(0.019)	(0.031)	(0.028)
社会网络	0.000	−0.000	−0.000	0.000	0.000
	(0.000)	(0.000)	(0.000)	(0.000)	(0.000)
创业经验	0.013	0.014	0.020	0.009	−0.005
	(0.022)	(0.017)	(0.018)	(0.030)	(0.028)

（续）

变量	亲戚朋友	社会关系	银行贷款	劳动力资源获取	信息资源获取
	（1）	（2）	（3）	（4）	（5）
家庭人口规模	−0.013*	0.008	0.001	−0.009	−0.003
	(0.007)	(0.005)	(0.006)	(0.010)	(0.009)
创业氛围	−0.012	0.003	−0.010	0.016	0.027*
	(0.011)	(0.008)	(0.008)	(0.016)	(0.015)
养殖业	−0.024	0.017	−0.033	0.020	0.083**
	(0.030)	(0.025)	(0.027)	(0.042)	(0.037)
加工业	0.065**	0.058**	0.015	0.091*	0.103**
	(0.032)	(0.027)	(0.026)	(0.047)	(0.043)
服务业	−0.036	0.026	−0.032	0.089**	0.040
	(0.030)	(0.022)	(0.023)	(0.040)	(0.038)
省份虚拟变量	Yes	Yes	Yes	Yes	Yes
年份虚拟变量	Yes	Yes	Yes	Yes	Yes
Pseudo−R^2	0.086	0.080	0.072	0.046	0.046
样本量	885	885	885	885	885

注：表中报告的是 Probit 模型平均边际效应；***、**、*分别表示在 1%、5% 和 10% 的统计水平上显著；括号内为异方差稳健标准误。

（五）信任对农民创业资源获取影响的异质性分析

1. 创业类型差异：机会型创业与生存型创业

不同的创业类型对所需资源的要求具有较大差异，因此信任对农民创业资源的影响可能在创业类型上存在异质性。按照全球创业观察（GEM）对创业类型的划分标准，主要包括机会型创业与生存型创业两种。机会型创业是指个体主动寻找、识别机会并开展创业活动，一般规模较大，所需物资源也较多。生存型创业主要指劳务市场中处于弱势的个体为生存而被动开展的创业活动，一般规模较小，类型较为单一。表 6-7 展示了不同创业类型下信任对农民创业资源获取的异质性影响，第 1～2 列因变量为创业资金获取（从亲戚朋友处），结果表明在机会型创业中，信任对从亲戚朋友处筹集资金具有显著正向促进作用，而在生存型创业样本中该影响未通过显著性检验，可能的原因是机会型创业规模较大，所需初始资金较多，因此需要亲戚朋友的支持与帮助，而信任可以在其中发挥桥梁作用。生存型创业因规模较小，个人存款大多可满足创业初始资金的要求，因此依靠信任从亲戚朋友处筹集资金的可能性较低，表现出不显著的关系。第3～4列因变量为创业劳动力资源获取，由表中系数可知，两种创业类型中信任对劳动力资源获取的影响均为正向显著，表明无论是机会型创业，还是生存型创业，信任都可以促进创业者更容易地获取所需劳动力资源。第5～6列因变量为创业信息资源获取，估计系数表明在生存型创业中信任对信息资源获取发挥显著积极作用，但在机会型创业中影响不显著，可能的解释是，生存型创业为个体的被动行为，而且被迫进入生存型创业的个体通常人力资本较低，信息获取能力较差，因此更需要从身边的社会网络中获取创业信息，信任在此过程中可发挥"润滑剂"和"粘合剂"的作用。与之相对，机会型创业的个体往往具有较高的受教育水平和创业能力，可以通过图书、互联网等多种途径搜集信息。

表6-7　信任对农民创业资源获取影响的类型异质性

变量	创业资金获取（从亲戚朋友处）		劳动力资源获取		信息资源获取	
	机会型	生存型	机会型	生存型	机会型	生存型
	(1)	(2)	(3)	(4)	(5)	(6)
信任	0.474**	0.319	0.325*	0.568***	0.273	0.588***
	(0.204)	(0.226)	(0.185)	(0.169)	(0.188)	(0.191)
控制变量	Yes	Yes	Yes	Yes	Yes	Yes
省份虚拟变量	Yes	Yes	Yes	Yes	Yes	Yes
年份虚拟变量	Yes	Yes	Yes	Yes	Yes	Yes
Pseudo $-R^2$	0.124	0.081	0.044	0.086	0.042	0.094
样本量	386	499	386	499	386	499

注：表中报告的是 Probit 模型估计系数；***、**、*分别表示在1%、5%和10%的统计水平上显著；括号内为系数标准误。

2. 创业领域差异：涉农创业与非农创业

身处农村地区的创业者，其所创事业的领域不同，所需创业资源也截然不同。本书根据农民创业的具体内容，将创业领域划分为涉农创业和非农创业两种，以考察不同领域中信任对资源获取的异质性影响，实证结果如

表 6-8 所示。第 1~2 列因变量为创业资金获取，从表中系数可知，涉农创业和非农创业样本中信任均可显著促进从亲戚朋友处获取创业资金。第 3~4 列因变量为劳动力资源获取，估计结果表明，无论是涉农创业还是非农创业，信任均对农民创业中获取劳动力资源产生显著正向影响。第 5~6 列因变量为信息资源获取，信任可以促进涉农创业中的信息资源获取，而在非农创业中的影响不显著。农民创业者由于地处农村地区，创业者周边的绝大多数村民以农业生产为主要工作内容，对涉农领域较为了解，因此农民创业者可依靠信任从关系网络中获取相关信息资源。

表 6-8　信任对农民创业资源获取影响的领域异质性

变量	创业资金获取（从亲戚朋友处）		劳动力资源获取		信息资源获取	
	涉农创业	非农创业	涉农创业	非农创业	涉农创业	非农创业
	(1)	(2)	(3)	(4)	(5)	(6)
信任	0.294*	0.742**	0.411***	0.642**	0.395***	0.478
	(0.168)	(0.376)	(0.139)	(0.270)	(0.147)	(0.311)
控制变量	Yes	Yes	Yes	Yes	Yes	Yes
省份虚拟变量	Yes	Yes	Yes	Yes	Yes	Yes
年份虚拟变量	Yes	Yes	Yes	Yes	Yes	Yes
Pseudo-R^2	0.059	0.234	0.044	0.112	0.042	0.150
样本量	726	150	726	159	726	159

注：表中报告的是 Probit 模型估计系数；***、**、* 分别表示在 1%、5% 和 10% 的统计水平上显著；括号内为系数标准误。

四、本章小结

本章基于信任视角与创业资源基础观，深入探讨信任对农民创业资源获取的内在逻辑并提出研究假说，采用东、中、西部 4 省农民创业者的调查数据，运用 Probit、IV-Probit 模型实证检验了信任对农民创业资金获取、农民创业劳动力资源获取、农民创业信息资源获取的影响。研究结果表明：

（1）信任对农民创业资金获取具有显著促进作用。总体而言，信任可以显著提高创业者通过亲戚朋友获取创业资金的概率，但信任对创业者通过社会关系获取创业资金与通过银行贷款获取创业资金的影响并未通过显著性检验。信任水平每提高 1 个单位，创业者通过亲戚朋友获取资金的概率增加8.00%。分维度来说，情感信任显著促进创业者通过亲戚朋友获取创业资金，农民创业者的情感信任水平每增加 1 个单位，通过亲戚朋友获取创业资金的概率提高 8.40%；制度信任显著促进农民创业者通过亲戚朋友渠道获取资金，制度信任水平每增加 1 个单位，从亲戚朋友处获取创业资金的概率提高 4.80%。

（2）信任对农民创业劳动力获取具有显著促进作用。信任每增加 1 个单位，创业者获取劳动力资源的概率提高 13.80%。分维度而言，情感信任对创业劳动力资源获取具有显著正向影响，情感信任每增加 1 个单位，获取创业所需劳动力资源的概率增加 13.10%；社会信任显著提高创业劳动力资源获取的概率，社会信任每增加 1 个单位，创业劳动力获取的概率提高7.10%；制度信任对创业劳动力获取的影响未通过显著性检验。

（3）信任对农民创业信息获取具有显著促进作用。信任每增加 1 个单位，创业者获取信息资源的概率增加 11.80%。分维度而言，情感信任显著促进创业的信息资源获取，情感信任每增加 1 个单位，获取创业所需信息资源的概率提高 7.70%；社会信任对创业信息资源获取具有显著正向影响，社会信任每增加 1 个单位，创业者获取信息资源的概率增加 5.90%；制度信任对创业信息获取的影响未通过显著性检验。

基于研究结论，本章得到如下政策启示：首先，通过本章实证可知，信任在农民创业资源获取过程中起重要作用。其中，情感信任与社会信任的影响作用更为显著，因此应通过完善新农村文化建设和增强社会主义核心价值观等手段，提高农村地区信任水平，对信任缺失、背信弃义的商业事件增加媒体曝光度和舆论关注度。其次，针对创业资源方面，应该放宽农民创业贷款的申请条件，细化针对不同农民创业群体的贷款方案，拓展农民创业融资渠道。针对创业劳动力资源方面，应该完善劳动力市场信息公开，建立农民创业企业用工信息采集制度，提供用工指导，促进劳动力的通畅流动。针对创业信息资源方面，建立农民创业机会信息统一发布平台，增强创业机会信息透明度和及时性。

第七章 信任与农民创业绩效

自乡村振兴战略提出以来，国家陆续出台多项激励政策，激活农村地区创新创业活力，农村创业环境得到大幅改善，新产业新业态不断涌现，农民创业激情空前高涨。然而，农民创业者同时面临创业成功率低、新创企业发展质量效益不高等现实问题。在此背景下，识别影响农民创业绩效的决定因素成为政府和学界关注的重要议题之一。

创业作为一种复杂的商业活动，为获取超额利润提供机会的同时也充满风险与不确定性（Bennett and Lemoine，2014）。Arrow（1972）指出市场交易中的不确定性蕴含经济成本，减少不确定性即可降低风险、提高收益。因此，创业者的核心任务之一在于利用企业家精神和能力减少不确定性对创业活动的影响（Brouwer，2000）。信任作为简化社会复杂性和降低不确定性的核心机制（Luhmann，1979；郭慧云等，2012），在增加创业者心理安全感（申丹琳，2019），增强信息交换和创业经验分享（Geneste and Galvin，2013），促进创业协同合作（Bhagavatula et al.，2010）等方面发挥作用。由此可知，创业者的信任可能对创业绩效具有积极作用。

信任可以促进创业网络中的知识分享，推动创业学习（Bergh et al.，2011）。而创业学习对农民创业者而言尤其重要，主要依据是相比其他创业群体，农民创业者普遍人力资本较低，创业技能匮乏，只有通过不断的创业学习才能突破知识困境，提高创业绩效（张敬伟和裴雪婷，2018）。所以，创业学习可能是影响信任与农民创业绩效的重要中介变量。此外，农民创业绩效的提升不仅取决于创业者内在因素，还受到所处创业环境的影响（王洁琼和孙泽厚，2018）。创业环境作为创业成功或失败的各种条件及要素总和，不仅影响农民创业者的信任，也对创业学习和创业绩效产生影响（郭铖和何安华，2017）。自党的十九大报告提出乡村振兴战略以来，中央和地方政府为改善创业环境、活跃创业氛围做出多种尝试，但目前农民在创业过程中仍面临诸多障碍，如融资贷款困难，注册审批手续复杂等问题（郑风田，2018）。政府主导的创业环境优化在农民创业绩效提升过程中发挥的作用有待深入分析。为此，本书将创业环境纳入分析框架，探讨信任、创业学习与农民创业绩效之间的关系。

鉴于此，本章采用浙江、安徽、河南和陕西 4 省 876 个农民创业者的调研数据，运用工具变量法与有调节的中介效应检验方法，实证分析信任与农民创业绩效之间的内在机理。

一、信任对农民创业绩效影响的理论分析

（一）信任对农民创业绩效的直接影响

信任作为简化社会复杂性和降低不确定性的重要机制，可在 3 个维度对农民创业绩效产生影响。首先，情感信任可以为农民创业者提供心理资本，促进创业绩效（董静和赵策，2019）。基于情感的心理资本为农民创业者提供强大内生动力，让其能以积极乐观的心态面对创业活动的高风险性和不确定性。同时，受信任双向传导机制的影响，较高的情感信任也会使创业者家人和亲戚处于被信任、被依赖的"心理图式"中，这种良性互动有利于农民创业者获得更多支持。其次，制度信任有助于农民创业者识别与利用政府推动型创业机会（Dai et al.，2020），帮助农民创业者把握市场方向，及时调整经营模式与策略，提高创业绩效。中国政府经常以制定产业政策的方式支持和刺激农业农村发展，但是这些项目的实施与政策的执行往往具有时间和空间的不确定性。相比普通创业者，制度信任水平高的农民创业者更愿意相信政府政策，因此具有更大的概率可识别出此类创业机会，提前进入目标领域形成"先发优势"。最后，高水平的社会信任会显著减少创业者在商业活动中的交易成本（曾燕萍，2019），有利于创业绩效的提升。随着业务的发展与扩大，农民创业者需要拓展创业活动的空间范围，与市场中的其他群体展开合作，此时，社会信任水平较高的农民创业者更容易接受口头协议等非正式合同，为初创企业节约大量交易成本。基于以上分析，本章提出假说：

H7－1：农民创业者的信任水平越高，其创业绩效越好。

（二）创业学习的中介效应

知识基础观（Knowledge－Based Theory）认为知识对企业的创建和成长至关重要。除正规教育外，创业知识绝大部分源于创业实践过程中的不断学习。所谓创业学习是指基于先前创业经验及外部信息搜集，通过意义建构形成独特创业知识，最终用于解决创业难题的过程（Politis，2005）。相比其他创业者，农民创业者普遍面临受教育程度偏低、创业经验匮乏、认知水平不高等困境，创业学习成为农民创业者获取知识和经验、提升创业技能、促进创业绩效的重要渠道（张敬伟和裴雪婷，2018）。具体来说，一方面，创业学习可通过增加农民创业知识和信息促进创业绩效。作为创业学习的结果，创业知识和信息可以提高农民创业者创业激情、推动创业机会开发、促进农村资源利用从而提高创业绩效（单标安等，2015）。另一方面，创业学习可通过提高农民创业者认知与思维能力提高创业绩效（Tseng，2013）。首先，创业学习可提高创业者自我效能感。农民创业者的自我效能感可促进其评估自身及其关系网络中的知识差距，训练解决问题的整体方案与技能，增加创业成功率。其次，创业学习促进农民创业者进行自我评估和反思。通过对已发生事件进行反思学习，农民创业者可从中总结经验教训及未来适用场景，从而促进创业绩效的提升。最后，创业学习帮助农民创业者形成批判性思维，提高信息评估能力，进而使他们在复杂创业实践中更迅速和准确地识别问题本质。

从信任视角来看，信任是创业者向外部环境（如顾客、供应商、同行等）学习的前提条件，是创业学习的重要前定变量（Bergh et al.，2011）。首先，信任通过调控信息与经验的沟通意愿影响创业学习。创业学习是一个互动的过程，强调与网络中成员的知识共享与经验交流。比如，信任水平较低的农民创业者在学习网络中容易表现出紧张、敌对等消极情绪，这种消极情绪会削弱创业者的行动自由度，诱致知识隐藏行为，最终阻碍个体创业学习（赵红丹和夏青，2019）。其次，信任通过改变信息与经验的采纳程度影响创业学习。创业学习同时也是创业者通过探索与开发的形式将经验和信息转化编译成创业知识为己所用的过程（Politis，2005），这一过程的起点是基于对已获取信息和经验的信任，转换效果在很大程度上取决于创业者的信任水平。举例来说，当收到外界机会信息时，低信任水平的农民创业者常常无法客观衡量所获信息的真实价值，进而削弱了对信息的加工利用程度。因此，农民创业者信任水平可通过影响信息与经验的吸收，最终影响创业学习（Bergh et al.，2011）。基于以上分析可以得出如下假说：

H7-2：创业学习在信任与农民创业绩效之间起中介作用。

H7-2a：农民创业者信任对创业学习具有正向作用。

H7-2b：创业学习对农民创业绩效具有正向影响。

（三）创业环境的调节效应

创业作为一种情境嵌入型商业活动，与所处创业环境密不可分。在Gartner（1985）的经典创业要素模型中环境被认为是核心四要素之一。创业环境指创业过程中影响企业创建和成长的一系列外部条件集合（蔡莉等，2007），通常也被认为是政府和社会为创业者创办新企业所搭建的公共平台。在全球创业观察（GEM）框架中创业环境包含政府支持、金融支持、文化与规范、创业教育等12个方面内容。聚焦农村情境，刘畅等（2015）将其分为有形环境（政策支持、金融支持、基础设施）和无形环境（市场环境、服务环境、文化环境）两大类。新创企业从环境中识别和发现创业机会，整合财物和人力资源，最终实现创业企业发展。理论上，创业环境作为情境变量不直接作用于创业绩效，其发挥作用的内在逻辑是通过搭建资源平台或提供生存土壤使创业所需关键要素得以聚集，即"平台积聚资源，资源服务平台"。因此，创业环境应被当作促进企业成长的调节变量而非预测变量。实证上，郭铖和何安华（2017）分析得出创业环境可以调节社会资本与创业绩效的关系。Rooks等（2016）提出在不同的创业环境下，创业者从社会网络中获取的资源存在显著差异。因此，本章认为创业环境在"信任—学习—绩效"框架中起调节作用。

首先，创业环境调节信任与创业学习。一方面，良好的创业环境（制度环境、市场环境等）中，信任对创业学习的正向影响将被加强。依据是良好的创业环境使农民创业者对所创事业前景具有正面预期，提高农民创业者心理资本（王洁琼和孙泽厚，2018），激发创业激情和主观能动性，增强农民创业者的学习动机，在此情境下农民创业者的创业学习效果将被增强。另一方面，良好的创业环境影响农民创业者的风险偏好（王勇2017）。本质上说，信任是一种面对未来不确定性的风险偏好倾向。因此，良好的创业环境可以增强创业者信任水平，从而使得创业者对待学习更加积极主动。反之，恶劣的创业环境使创业者面临众多资源约束，导致心理上的紧张与不安全感，这些负面情绪削弱了信任对创业学习的正向影响。

其次，创业环境调节创业学习与绩效。创业环境不同导致农民创业者学习效果存在差异，最终形成新创企业绩效的异质性。具体来说，当创业环境较好时，创业学习对绩效的正向影响被加强，主要依据是较好的创业环境有利于创业过程的各个环节，有助于农民创业者利用创业学习所获的能力对资源进行科学配置、利用创业学习所获的信息对市场进行准确研判，最终促进创业绩效的提高。反之亦然。由此可得假说：

H7-3：创业环境正向调节创业学习在信任与农民创业绩效之间的中介作用。

H7-3a：创业环境正向调节信任与创业学习之间的关系。

H7-3b：创业环境正向调节创业学习与农民创业绩效之间的关系。

综上，本章理论框架与研究假说如图7-1所示。

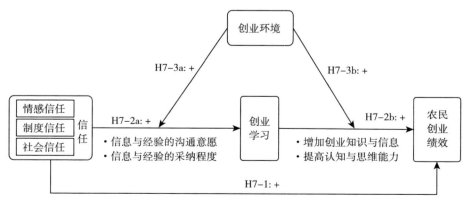

图7-1　理论框架与研究假说

二、信任对农民创业绩效影响的实证检验

（一）样本基本情况

本章数据来源于课题组 2017 年和 2019 年分别在浙江、安徽、河南和陕西 4 省共计 10 个地级市的两次农村居民创新创业问卷调查。两次调研共收回问卷 917 份，剔除无效问卷和本章变量缺少样本后，获得适合本章的有效样本 876 个。在受访样本中，创业者以男性居多，占比 90.53%；创业者年龄以 41~50 岁年龄段居多，占比达 43.61%；创业者受教育水平以高中或中专学历居多，占比为 68.69%；从创业所处行业来看，种植业占比最高为 45.55%，其次是服务业 23.52%，然后为养殖业 17.58%，加工业占比最少仅为 13.36%。

（二）变量测量与描述性统计

1. 因变量：创业绩效

如前文所述，从生存绩效、个人绩效和成长绩效 3 个维度综合刻画农民创业绩效，共 11 个题项，其中生存绩效包括运营情况、销售情况和盈利情况；个人绩效包括总体满意度、目标实现和目标满意情况；成长绩效包括与同行相比收入、盈利和市场份额情况，使用 Likert 五点测量（量表的内部一致性系数 α 为 0.861），详细题项内容见表 7-1。

2. 自变量：信任

如前文所述，信任包括情感信任、制度信任与社会信任三个维度。情感信任共 5 个题项，包括与亲戚、同一大姓成员、朋友等的相互信任程度，各题项均采用 Likert 五点测量（量表的内部一致性系数 α 为 0.831）。制度信任共 4 个题目，包括对中央及当地政府、政府规程等的信任程度，各题项均采用 Likert 五点测量（量表的内部一致性系数 α 为 0.847）。社会信任共 3 个题项，使用 Likert 五点测量（量表的内部一致性系数 α 为 0.743），详细题项内容如表 7-1 所示。

3. 中介变量：创业学习

借鉴单标安等（2014）开发的创业学习量表，从经验学习、认知学习和实践学习 3 个维度来测量，具体包括积累与利用经验、反思失败经历、与专

业技术人员交流学习、参加讨论会学习、通过创业实践反思现有行为、持续搜集内外部信息等 9 个题项，各题项均采用 Likert 五点测量（量表的内部一致性系数 α 为 0.798），详细题项内容见表 7-1。

4. 调节变量：创业环境

借鉴王洁琼和孙泽厚（2018）开发的创业环境量表，从政府支持、市场环境和金融支持三个方面来测度创业环境，共 11 个测量问题，政府支持包含信息咨询供给、技术指导和创业培训；市场环境包含产品和技术更新速率、市场竞争情况和顾客偏好情况；金融支持包含贷款优惠、贷款手续和贷款难易度，各题项均采用 Likert 五点测量（量表的内部一致性系数 α 为 0.784），详细题项内容见表 7-1。

5. 控制变量

为减少遗漏变量偏误，本章借鉴已有文献，选取创业者性别、年龄、受教育程度、创业所处行业以及创业地区等相对外生变量作为控制变量。此外，参考已有文献控制了一些可能同时影响信任与创业绩效的混淆变量，如创业失败经历、主观幸福感、风险偏好和健康自评等。

表 7-1 变量题项、含义及描述性统计

变量	分维度	题项或变量说明	赋值或单位	均值	标准差
信任	情感信任	我与大多数亲戚的相互信任程度	非常不信任=1，不信任=2，一般=3，信任=4，非常信任=5	4.236	0.584
		我与同一大姓成员的相互信任程度		3.935	0.621
		我与大多数朋友的相互信任程度		4.113	0.561
		我与大多数邻居的相互信任程度		3.903	0.605
		我与大多数同村村民的相互信任程度		3.739	0.657
	制度信任	我对中央政府的信任程度	非常不信任=1，不信任=2，一般=3，信任=4，非常信任=5	4.515	0.677
		我对当地政府的信任程度		4.058	0.781
		我对国家政策的信任程度		4.460	0.681
		我对当地政府政策和规程的信任程度		4.008	0.834
	社会信任	社会上绝大多数人是可信任的	非常不同意=1，比较不同意=2，不确定=3，比较同意=4，非常同意=5	3.668	0.982
		社会上的大多数人会相信他人		3.983	0.813
		人与人的相互信任是可以做到的		4.022	0.759

（续）

变量	分维度	题项或变量说明	赋值或单位	均值	标准差
创业绩效	生存绩效	我所创事业整体运营情况良好	非常不同意=1，比较不同意=2，不确定=3，比较同意=4，非常同意=5	4.049	0.705
		我所创事业销售情况良好		3.970	0.775
		我所创事业盈利情况良好		3.676	0.889
	个人绩效	我对所创事业的总体满意度较高	非常不同意=1，比较不同意=2，不确定=3，比较同意=4，非常同意=5	3.305	1.189
		我实现了当初创业前设想的目标		3.976	0.839
		我对实现奋斗目标而获得的成就感到满意		3.465	1.210
	成长绩效	目前的生意销售收入增长比同行更快	非常不同意=1，比较不同意=2，不确定=3，比较同意=4，非常同意=5	3.291	1.032
		目前的生意盈利水平增长比同行更快		3.179	1.020
		目前的生意市场份额增长比同行更快		3.303	0.985
创业学习	经验学习	积累和利用经验对我创业帮助很大	非常不同意=1，比较不同意=2，不确定=3，比较同意=4，非常同意=5	3.919	0.940
		不断反思先前的失败行为		3.812	1.010
		失败行为并不可怕，关键在于能从中吸取教训		3.475	1.112
	认知学习	经常与行业中的专业人员进行交流	非常不同意=1，比较不同意=2，不确定=3，比较同意=4，非常同意=5	4.412	0.713
		非常关注同行业中"标杆"企业的行为		4.360	0.714
		经常参与各种正式或非正式的讨论会		3.818	1.106
	实践学习	创业过程中持续搜集有关内、外部环境的信息	非常不同意=1，比较不同意=2，不确定=3，比较同意=4，非常同意=5	4.184	0.650
		通过持续的创业实践来反思或纠正已有的经验		4.297	0.611
		通过创业实践获得经验极为有限（反向题）		4.505	0.571
创业环境	政府支持	当地政府鼓励和支持农民自主创业	非常不同意=1，比较不同意=2，不确定=3，比较同意=4，非常同意=5	4.233	0.902
		当地政府为农民创业提供各类信息咨询服务		4.026	1.050
		当地政府为农民创业者提供技术指导		3.961	1.167
		当地政府为农民创业者提供创业培训		4.074	1.122
	市场环境	本行业中产品和技术更新很快	非常不同意=1，比较不同意=2，不确定=3，比较同意=4，非常同意=5	3.916	1.060
		竞争对手的行为多变、很难预测（反向题）		3.711	1.085
		顾客总是偏好新产品和新服务		3.823	1.033
	金融支持	创业贷款有优惠	非常不同意=1，比较不同意=2，不确定=3，比较同意=4，非常同意=5	3.507	1.230
		创业贷款申请手续非常简单		3.096	1.286
		创业贷款附加条件太多（反向题）		3.272	1.160

（续）

变量	分维度	题项或变量说明	赋值或单位	均值	标准差
	性别	受访者性别	男＝1，女＝0	0.905	0.293
	年龄	受访者年龄	单位：岁	45.360	8.643
	受教育水平	受教育年限	单位：年	10.420	3.090
	自评健康	受访者当前健康状况	不健康＝1，一般＝2，比较健康＝3，很健康＝4，非常健康＝5	4.048	1.040
	管理经验	是否曾经担任过管理职务	是＝1，否＝0	0.618	0.486
	销售经验	是否曾经担任过销售职务	是＝1，否＝0	0.525	0.500
	创业失败经历	是否经历过创业失败	是＝1，否＝0	0.274	0.446
控制变量	风险偏好	通过情景假设的"抛硬币"游戏进行衡量	"无论抛出正反面，您都获得250元"＝1，"抛出正面您得200，反面得400元"＝2，"抛出正面得150，反面得550元"＝3，"抛出正面您得100，反面得700元"＝4；"抛出正面您得0元，反面得1 000元"＝5	2.725	1.633
	主观幸福感	受访者的主观生活幸福度评价	0～10之间，非常不幸福＝0，非常幸福＝10	8.619	1.565

注：反向题项在数据分析时已全部反转。

（三）共同方法偏差与信效度检验

1. 共同方法偏差控制与检验

采用量表问卷法时，因特定测量方法（测量环境、题项语境以及项目自身特征等）难免造成潜在的系统测量偏差，一般称之为共同方法偏差（Common Method Biases）。这种系统误差很可能导致错误的因果关系推论，严重影响实证结果的准确性。为避免这种系统误差的影响，本书采取以下措施进行事前控制并辅以事后检验以解决潜在共同方法偏差问题。首先，本书在问卷量表中穿插了一些客观性以及开放性问题；其次，问卷设计了一些反向编码题，以此避免受访者陷入持续的量表填写模式；最后，采用 Harman 单因素检验（Harman's Single‑Factor Test）对数据进行检验，参考以往做法，在不做任何旋转且特征根大于 1 的提取方式下，对 4 个潜变量的所有题项进行探索性因子分析，结果发现，第一主成分解释的变异量为 16.91%，不到总提取方差累积占比（63.32%）的一半，说明本书所用数据不存在严重的共同方法偏差。

2. 信度检验

本章拟从内部一致性系数（Cronbach's alpha）和组成信度（Composite Reliability，*CR*）两个方面评估测量的可信度。检验结果如表 7‑2 所示，所有潜变量的一致性系数均大于理想值 0.7，其中信任量表为 0.846，创业绩效量表为 0.861，创业学习量表为 0.798，创业环境量表为 0.784。而组成信度 *CR* 方面，所有潜变量均超过建议值 0.7。因此，本书中测量量表信度较高。

3. 效度检验

本书从两个方面来评估测量效度：首先，Hair 等（2014）建议每个题项的标准化因子载荷应大于 0.5，0.7 及以上则更为理想。本书中各潜变量的因子载荷全部大于门槛值 0.5，大部分达到理想值 0.7。其次，本书用平均方差抽取量（Average Variance Extracted，AVE）来衡量聚合效度（Convergent Validity）。Fornell 和 Larcker（1981）认为平均方差抽取量 *AVE* 的理想值为 0.5 以上，结果见表 7‑2，所有潜变量的 *AVE* 均在可接受范围内，基于以上判断，本研究的测量量表具有良好聚合效度。

表 7‑2 验证性因子分析结果与信效度指标值（$N=876$）

潜变量	标准化因子载荷	组成信度 *CR*	收敛效度 *AVE*	内部一致性系数 Cronbach's alpha
信任	0.528~0.854	0.930	0.529	0.846
创业绩效	0.693~0.927	0.946	0.618	0.861
创业学习	0.544~0.820	0.897	0.470	0.798
创业环境	0.572~0.865	0.920	0.519	0.784

(四) 模型设定

本章参照 Hayes（2018）提出的有调节中介的分析流程依次检验信任对农民创业绩效的直接效应、创业学习的中介效应、创业环境的调节效应以及有调节的中介效应。具体检验分为四步：

$$Y = c_0 + c_1 X + c_2 W + c_3 XW + \mu_1 \qquad (7-1)$$

$$M = a_0 + a_1 X + a_2 W + a_3 XW + \mu_2 \qquad (7-2)$$

$$Y = c'_0 + c'_1 X + c'_2 W + c'_3 XW + b_1 M + b_2 WM + \mu_3 \qquad (7-3)$$

式（7-1）、式（7-2）和式（7-3）中，Y 表示农民创业绩效；X 表示信任；W 表示创业环境；M 表示创业学习；μ_1、μ_2、μ_3 为误差项。第一步检验直接效应，即判断式（7-1）中 c_1 的系数是否显著，c_1 为不考虑中介的直接效应（信任对农民创业绩效的直接影响）。第二步检验中介效应，式（7-2）中的系数 a_1 为中介效应的前半段（信任对创业学习的影响），式（7-3）中的系数 b_1 为中介效应的后半段（创业学习对农民创业绩效的影响）。中介效应不仅需要判断先后两段的系数是否单独显著，还需验证系数乘积 $a_1 b_1$ 的联合显著性。第三步检验调节效应，其中 c_3 为直接作用路径上的调节效应系数（即创业环境对信任与农民创业绩效直接影响的调节作用），a_3 为中介路径前半段上的调节效应系数（即创业环境在信任与创业学习之间的调节作用），b_2 为中介路径后半段上的调节效应系数（即创业环境在创业学习与农民创业绩效之间的调节作用）。第四步检验有调节的中介效应，即创业学习的中介效应是否被创业环境调节。将式（7-2）代入式（7-3），整理可得有调节的中介效应部分为 $a_1 b_1 + a_1 b_2 W + a_3 b_1 W + a_3 b_2 W^2$，可拆解成两部分：中介效应 $a_1 b_1$ 以及调节变量 W 相关的项 $a_1 b_2$、$a_3 b_1$、$a_3 b_2$，三组中任一组系数通过显著性检验即可证实有调节的中介效应存在。

三、信任对农民创业绩效影响的结果与分析

本章采用层次回归估计方法，所有回归均使用异方差稳健标准误。同时对全部回归模型进行多重共线性诊断，方差膨胀因子（VIF）均低于 3.0，表明各变量之间的相关共线程度在合理范围内，不存在严重共线性问题。

（一）信任对农民创业绩效的直接效应检验

表 7-3 回归 1 和回归 2 为信任对农民创业绩效直接效应的估计结果。回归 1 只加入控制变量，回归 2 在回归 1 基础上加入自变量信任，回归 2 显示，信任对农民创业绩效有显著的正向影响（$\beta = 0.361$，$P < 0.01$），这说明信任水平高的农民创业者具有更好的创业绩效。此外，加入信任后，回归 2 比回归 1 的 R^2 增加了 0.046，表明信任对农民创业绩效具有很好的解释效果，假说 H7-1 得到支持。

表 7-3　信任对农民创业绩效的层次回归结果

变量	因变量：农民创业绩效				因变量：创业学习			
	回归 1	回归 2	回归 3	回归 4	回归 5	回归 6	回归 7	回归 8
自变量								
信任		0.361***	0.359***	0.276***	0.276***	0.291***	0.288***	0.305***
		(0.059)	(0.059)	(0.063)	(0.063)	(0.042)	(0.043)	(0.043)
调节变量与交互项								
创业环境			0.051	0.046	0.046		0.010	0.013
			(0.042)	(0.041)	(0.041)		(0.029)	(0.029)
信任×创业环境				0.110				0.169**
				(0.097)				(0.066)
中介变量与交互项								
创业学习			0.251***	0.250***				
			(0.051)	(0.051)				
创业学习×创业环境				−0.011				
				(0.096)				
控制变量								
性别	0.150*	0.105	0.107	0.101	0.101	0.023	0.023	0.023
	(0.082)	(0.079)	(0.079)	(0.080)	(0.080)	(0.051)	(0.052)	(0.051)
年龄	0.009***	0.008***	0.008***	0.008***	0.008***	−0.001	−0.001	−0.001
	(0.003)	(0.003)	(0.003)	(0.003)	(0.003)	(0.002)	(0.002)	(0.002)
受教育水平	0.001	0.000	−0.000	−0.001	−0.001	0.004	0.004	0.004
	(0.008)	(0.007)	(0.007)	(0.007)	(0.007)	(0.005)	(0.005)	(0.005)

（续）

	因变量：农民创业绩效				因变量：创业学习			
	回归1	回归2	回归3	回归4	回归5	回归6	回归7	回归8
自评健康	0.078***	0.069***	0.071***	0.051**	0.051**	0.074***	0.074***	0.077***
	(0.025)	(0.025)	(0.024)	(0.024)	(0.023)	(0.015)	(0.015)	(0.015)
管理经验	0.125**	0.126**	0.124**	0.099**	0.099**	0.108***	0.108***	0.106***
	(0.051)	(0.050)	(0.049)	(0.049)	(0.049)	(0.034)	(0.034)	(0.034)
销售经验	0.028	0.020	0.021	0.011	0.012	0.040	0.040	0.039
	(0.049)	(0.048)	(0.048)	(0.047)	(0.047)	(0.033)	(0.033)	(0.032)
创业失败经历	−0.075	−0.077	−0.079*	−0.080*	−0.080*	0.010	0.009	0.008
	(0.048)	(0.047)	(0.047)	(0.046)	(0.047)	(0.034)	(0.034)	(0.033)
风险偏好	0.029**	0.027**	0.028**	0.021*	0.021*	0.024**	0.024**	0.025***
	(0.013)	(0.013)	(0.013)	(0.013)	(0.013)	(0.009)	(0.009)	(0.009)
主观幸福感	0.100***	0.078***	0.077***	0.076***	0.076***	0.005	0.005	0.004
	(0.018)	(0.017)	(0.017)	(0.017)	(0.017)	(0.012)	(0.012)	(0.012)
是否养殖业	0.121**	0.119**	0.115*	0.096*	0.096*	0.086**	0.085**	0.081**
	(0.060)	(0.059)	(0.059)	(0.057)	(0.057)	(0.041)	(0.041)	(0.041)
是否加工业	−0.086	−0.079	−0.079	−0.060	−0.059	−0.045	−0.044	−0.055
	(0.072)	(0.069)	(0.070)	(0.069)	(0.069)	(0.049)	(0.049)	(0.049)
是否服务业	0.008	0.021	0.022	0.043	0.043	−0.083**	−0.082**	−0.083**
	(0.062)	(0.062)	(0.062)	(0.061)	(0.061)	(0.041)	(0.041)	(0.040)
常数项	1.648***	0.510	0.340	−0.178	−0.177	2.359***	2.339***	2.234***
	(0.276)	(0.333)	(0.339)	(0.353)	(0.350)	(0.234)	(0.243)	(0.237)
省份固定效应	Yes	Yes	Yes	Yes	Yes	Yes	Yes	Yes
年份固定效应	Yes	Yes	Yes	Yes	Yes	Yes	Yes	Yes
R^2	0.131	0.177	0.180	0.205	0.205	0.192	0.192	0.200
Adj-R^2	0.115	0.161	0.162	0.187	0.186	0.176	0.175	0.182
F值	6.502***	9.094***	9.255***	10.482***	10.197***	11.983***	11.310***	11.592***
样本量	876	876	876	876	876	876	876	876

注：***、**、*分别表示在1%、5%和10%的统计水平上显著；括号内为异方差稳健标准误。

（二）创业学习的中介效应检验

创业学习中介效应的检验结果如表7-3回归4和回归7所示。回归4为中介效应的后半段检验，从表中系数可知，创业学习在1%水平上显著为正，表明创业学习对创业绩效具有显著的正向影响，假说 H7 - 2b 成立。回归 7 为中介效应的前半段检验，结果显示，信任与创业学习具有显著正向关系（$\beta=0.288$，$P<0.01$），表明信任水平高的农民创业者可获得更好的创业学习，假说 H7 - 2a 得到证实。为解决依次检验的检验力较低问题，本章借鉴 Baron 和 Kenny 提出的中介效应逐步检验（Causal Steps Approach），并采用具有更精确的置信区间与更高检验力的偏差校正非参数百分位 Bootstrap 法。具体计算结果见表 7 - 4，创业学习间接效应在 95% 水平下置信区间为 [0.044，0.111]，不包含 0，验证创业学习的部分中介效应存在，并且将信任根据维度拆分后的区间估计结果显示创业学习的中介效应均显著，因此假说 H7 - 2 得到验证。

表 7 - 4　直接效应和中介效应 Bootstrap 检验结果 （$N=876$）

作用路径	点估计系数	参数显著性估计		偏差校正非参数百分位 Bootstrap 区间估计		双尾检验 P 值
		标准误	Z 值	置信下限	置信上限	
直接效应						
信任→创业绩效	0.249	0.042	5.973	0.147	0.351	***
情感信任→创业绩效	0.137	0.055	2.480	0.029	0.246	**
制度信任→创业绩效	0.179	0.043	4.200	0.096	0.263	***
社会信任→创业绩效	0.126	0.038	3.340	0.052	0.200	***
间接效应						
信任→创业学习→创业绩效	0.077	0.015	5.295	0.044	0.111	***
情感信任→创业学习→创业绩效	0.059	0.015	4.050	0.030	0.087	**
制度信任→创业学习→创业绩效	0.039	0.012	3.300	0.016	0.062	***
社会信任→创业学习→创业绩效	0.038	0.010	3.720	0.018	0.058	***

注：***、** 分别表示在 1%、5% 的统计水平上显著；Bootstrap 重复自抽样 1000 次 95% 置信区间。

（三）创业环境的调节效应检验

创业环境的调节效应检验结果如表 7 - 3 回归 5 和回归 8 所示。回归 5

检验创业环境在创业学习与农民创业绩效之间的调节效应（H7－3b），从表中可知创业学习×创业环境变量的系数不显著，即创业环境并不能调节创业学习对农民创业绩效的影响，假说 H7－3b 未得到验证。回归 8 检验创业环境在信任与创业学习之间的调节效应（H7－3a），表中结果显示信任与创业环境的交互项系数（$\beta=0.169$，$P<0.05$）显著，即创业环境正向调节信任与创业学习之间关系，假说 H7－3a 成立。

（四）有调节的中介效应检验

根据式（7－2）和式（7－3）可知系数 a_1b_2、a_3b_1、a_3b_2，三组中任一组通过显著性检验即可证实有调节的中介效应。a_1 对应表 7－3 回归 8 中信任对创业学习的估计系数（$a_1\neq0$），a_3 为回归 8 中信任与创业环境交互项的估计系数（$a_3\neq0$），b_1 对应表 7－3 回归 5 中创业学习的估计系数（$b_1\neq0$），b_2 为回归 5 中创业学习与创业环境的交互项系数（$b_2=0$），因此，可以推断出 $a_3b_1\neq0$，有调节的中介效应假说成立。由于仅依据两个系数独立的显著性来判断乘积的显著性缺乏对乘积标准误的考虑，因此本章进一步参考 Edwards 和 Lambert（2007）的做法，用 Bootstrap 法计算中介的效应量，以此来判断中介作用是否随调节变量变化。常见做法是分别选取均值加减一个标准差作为调节变量取值的两端来检验条件取值下中介作用的差异是否显著。但刘东等（2012）指出与样本标准差相比，变量的观测区间是更具有实际意义的取值范围。因此本章选取创业环境的最大值与最小值作为条件取值，计算条件中介效应量，结果如表 7－5 所示，在创业环境最大值处的条件中介效应值为 0.296，创业环境最小值处的条件中介效应值为 0.130，两者差异为 0.166，差异的 BC－Bootstrap 方法 95% 水平下的置信区间为 [0.034，0.298]，不包含 0，进一步证实有调节的中介效应显著且效应规模具有实际意义，假说 H7－3 得到证实。

此外，为探究信任的不同维度下有调节的中介效应是否具有差异，本章依次对情感信任、制度信任和社会信任进行检验，检验结果见表 7－5，可以看出情感信任、制度信任与社会信任对农民创业绩效的有调节中介模型均成立。进一步验证，基于家庭与亲属关系的情感信任，基于政府政策的制度信任，以及针对普通公众的社会信任在农民创业过程中发挥重要作用，这一结果与 Stam 等（2014）的研究结论相一致。

表 7 - 5　条件中介效应值及差异检验结果（N＝876）

条件中介效应	创业环境最大值	创业环境最小值	差异量	BC - Bootstrap 区间估计	
				置信下限	置信上限
信任→创业学习→创业绩效	0.296	0.130	0.166	0.034	0.298
情感信任→创业学习→创业绩效	0.239	0.101	0.138	0.020	0.305
制度信任→创业学习→创业绩效	0.270	0.096	0.174	0.019	0.330
社会信任→创业学习→创业绩效	0.210	0.078	0.132	0.005	0.273

注：Bootstrap 重复自抽样 1 000 次 95％置信区间。

（五）内生性讨论与稳健性检验

1. 信任的内生性讨论

信任与农民创业绩效可能存在因反向因果与遗漏变量带来的内生性问题，一方面，获得良好创业绩效的创业者可能会对社会信任具有更高水平，这种反向因果关系会高估信任的影响。另一方面，受研究设计限制，可能存在既影响农民信任又影响其创业绩效的变量被遗漏，如创业者人格特质等。为此，本章拟采用工具变量法解决潜在的内生性问题，借鉴何金财等（2016）的思路[①]，最终选取了居住在同一县域同一年龄段其他创业者的信任平均值作为受访者信任的工具变量[②]。理由是创业者的信任与所在地区和所处年龄段存在较大相关性，但该平均信任水平不会直接影响农民创业者的创业绩效。

一个有效的工具变量应同时满足：外生性与相关性。外生性检验结果见表 7 - 6。如回归 1 所示，其他创业者信任平均值对农民创业绩效的影响未通过显著性检验，即满足外生性条件。相关性检验结果如回归 2 所示，工具变量其他创业者平均信任值对信任的回归系数通过了 1％的显著性检验。同时 2SLS 第一阶段中的 F 统计量大于经验值 10，即可拒绝"存在弱工具变

[①]　何金财等（2016）用剔除自家以外的社区关系指数均值作为家庭关系的工具变量。

[②]　具体来说，设县域 j 年龄段 k 中的第 n 个创业者的县域平均信任水平为 $\left(\sum_{n=1}^{N_{jk}} Trust_{jkn} - Trust_{jkn} \right) / (N_{jk} - 1)$，其中 N_{jk} 为县域 j 内年龄段 k 中创业者总数。

量"的原假设。因此本章选取的工具变量满足外生性，与内生变量高度相关，且不存在弱工具变量问题。

两阶段最小二乘估计结果见表7-6回归3，通过引入工具变量解决信任潜在的内生性后，农民创业者信任对其创业绩效的估计系数在1%显著性水平上为正，证实信任正向影响农民创业绩效。最后本章采用更加稳健的Durbin-Wu-Hausman检验对信任的内生性进行检验，DWH检验的P值为0.375，不能拒绝"变量为外生"的原假设。

同理，当创业学习为因变量时，信任也可能存在内生性问题导致估计有偏，相关理由不再赘述。检验结果见表7-6回归4至回归6。DWH检验的P值为0.197，即OLS估计结果与IV估计结果并无显著差异，无法拒绝"信任为外生变量"的原假设，这表明从统计意义上来讲，在控制相关变量后，创业者的信任不存在内生性。

表7-6　工具变量回归结果

变量	因变量：农民创业绩效			因变量：创业学习		
	工具变量外生性检验	2SLS第一阶段	2SLS第二阶段	工具变量外生性检验	2SLS第一阶段	2SLS第二阶段
	回归1	回归2	回归3	回归4	回归5	回归6
信任	0.319***	—	0.511**	0.284***	—	0.580**
	(0.049)	—	−0.213	(0.043)	—	(0.277)
信任平均水平	0.069	0.360***	—	0.101	0.339***	—
	(0.078)	(0.064)	—	(0.091)	(0.071)	—
控制变量	Yes	Yes	Yes	Yes	Yes	Yes
F值	13.21***	32.16***	11.18***	12.69***	23.98***	9.74***
样本量	876	876	876	876	876	876

注：***、**、*分别表示在1%、5%和10%的统计水平上显著；括号内为异方差稳健标准误；控制变量同表7-3，因篇幅限制不再展示。

2. 稳健性检验

为检验以上数据分析结果的可靠性，本章进行如下稳健性检验：更换因变量农民创业绩效和信任的测量方式。本章采用因子分析及方差贡献率作为权重计算信任与创业绩效的综合因子得分，运用新生成的变量重复上述分析过程，估计结果如表7-7所示，从表中可知估计系数与上述分析无显著差异，因此本章实证结果具有稳健性。

表 7－7　稳健性检验回归结果

变量	因变量：农民创业绩效			因变量：创业学习		
	工具变量外生性检验	2SLS第一阶段	2SLS第二阶段	工具变量外生性检验	2SLS第一阶段	2SLS第二阶段
	回归 1	回归 2	回归 3	回归 4	回归 5	回归 6
信任（因子得分）	0.296***	0.217***	0.228***	0.318***	0.290***	0.269***
	(0.037)	(0.037)	(0.038)	(0.037)	(0.036)	(0.037)
控制变量	No	Yes	Yes	No	Yes	Yes
省份虚拟变量	No	No	Yes	No	No	Yes
年份虚拟变量	No	No	Yes	No	No	Yes
R－squared	0.086	0.166	0.173	0.104	0.164	0.198
Adjusted－R^2	0.085	0.153	0.156	0.103	0.151	0.182
F 值	62.545***	11.179***	9.007***	73.429***	11.970***	11.993***
样本量	876	876	876	876	876	876

　　注：***、**、*分别表示在1%、5%和10%的统计水平上显著；括号内为异方差稳健标准误；控制变量同表7－3，因篇幅限制不再展示。

（六）信任对农民创业绩效影响的异质性分析

1. 创业领域差异：非农创业与涉农创业

由于农民创业者居住在农村地区，具有土地和自然资源禀赋优势，且普遍在农业生产领域经验丰富，因而可能存在不同创业领域（涉农或非农）内的异质性影响。本章根据农民创业内容将样本拆分为非农创业组和涉农创业组，进行分组回归，实证结果见表7－8回归1和回归2。从表中可以看出，涉农创业样本中，信任的促进作用大于非农创业组。原因可能是在农村情境下，涉农创业具有诸多比较优势，信任发挥作用的空间较大。

表 7－8　信任对农民创业绩效的异质性影响

变量	涉农创业	非农创业	机会型创业	生存型创业	男	女
	回归 1	回归 2	回归 3	回归 4	回归 5	回归 6
信任	0.342***	0.270***	0.409***	0.265***	0.317***	0.338**
	(0.047)	(0.089)	(0.065)	(0.054)	(0.044)	(0.152)

（续）

变量	涉农创业	非农创业	机会型创业	生存型创业	男	女
	回归 1	回归 2	回归 3	回归 4	回归 5	回归 6
控制变量	Yes	Yes	Yes	Yes	Yes	Yes
调整的 R^2	0.193	0.065	0.212	0.141	0.185	0.032
F 值	16.567***	1.983**	8.316***	6.761***	14.832***	1.207
样本量	719	157	382	494	793	83

注：***、**、*分别表示在1%、5%和10%的统计水平上显著；括号内为异方差稳健标准误；控制变量同表7-3，因篇幅限制不再展示。

2. 创业类型差异：机会型创业与生存型创业

全球创业观察（GEM）将创业动机划分为生存型创业与机会型创业。其中，生存型创业是指处于低收入状态且无其他就业选择的创业者，为生存被动从事创业；机会型创业则指个体主动发现商机并开展创业活动，以谋求潜在经济价值。Langevang等（2012）研究发现发展中国家农村地区创业活动大部分属于生存型创业。在本研究样本数据中，生存型创业者数量为494个，占比56.39%，略大于机会型创业[1]。相比生存型创业，机会型创业对物质资本、人力资本及社会资本要求更高（蔡莉等，2008），可能造成信任对不同类型创业者产生异质影响。表7-8回归3和回归4结果显示，相比生存型创业的农民创业者而言，机会型创业子样本中信任对创业绩效的正影响更大。换言之，相比为谋生而创业的农户而言，机会型农民创业者的信任可以帮助其更好地获取创业信息与物质资源，提高创业成功概率。

3. 性别差异：男性创业者与女性创业者

董静和赵策（2019）研究表明性别在农村创业中存在显著差异。受传统社会"男主外，女主内"思想的影响，创业这种高风险强社交型活动应由男性主导。这一固化观念可能导致信任对男性创业者和女性创业者产生不同影响。从表7-8回归5和回归6可以看出，在男性创业者子样本中，信任对农民创业绩效发挥积极促进作用，相比之下，信任对女性创业者绩效的正向

---

[1] 本书中将因"谋生或解决温饱问题"而创业归为生存型创业，将因"追求富裕生活或实现自我价值"而创业归为机会型创业。

影响虽通过 T 检验，但未通过整体参数 F 检验。本章认为由于社会角色分工以及人力资本双重约束，农村女性创业者往往具有较少人缘关系与社会网络，显著抑制了信任对她们创业绩效的促进作用。

4. 信任差序格局的异质性影响

传统中国社会结构的"差序格局"论最早由费孝通提出，其中"差序"的含义除"关系的差序"外，还包括"情感的差序"（李伟民和梁玉成，2002），即根据亲疏远近关系决定相互之间情感的认同程度，从而决定情感信任的强弱。由此可知，情感信任的"差序格局"可能会对农民创业绩效产生影响。从表 7-9 可以看出，对周围各群体的情感信任均显著正向影响农民创业绩效，其中，对同一大姓成员和朋友的情感信任产生的创业绩效提升作用更强。如前文论述，家人亲戚提供的信息与资源通常在农民创业初期起决定作用，但随着创业事业的扩大，离创业者距离稍远的非冗余关系所提供的资源则更为重要，这也从侧面证实 Granovetter 的弱连接理论。类似地，Li（2004）指出在中国乡村地区存在制度信任（政府信任）的差序格局，表现出"央强地弱"的信任状态。这种差序格局可能也会对农民创业绩效产生影响，如表 7-9 所示，制度信任的 4 个方面均正向影响农民创业绩效，但同时也表现出差序格局的异质影响，对中央政府和国家创业政策的信任比对地方政府和地方创业政策的信任具有更好的创业绩效提升作用。

表 7-9　差序格局下情感信任对农民创业绩效的影响

因变量	情感信任差序格局的影响					制度信任差序格局的影响			
	亲戚	同一大姓	朋友	邻居	同村村民	中央政府	地方政府	国家创业政策	地方创业政策
农民创业绩效	0.108*** (0.040)	0.143*** (0.040)	0.136*** (0.040)	0.088** (0.040)	0.105*** (0.036)	0.139*** (0.032)	0.132*** (0.035)	0.155*** (0.036)	0.103*** (0.031)
控制变量	Yes	Yes	Yes	Yes	Yes	Yes	Yes	Yes	Yes
调整的 R^2	0.122	0.130	0.126	0.120	0.124	0.138	0.129	0.136	0.129
样本量	876	876	876	876	876	876	876	876	876

注：***、**、*分别表示在 1%、5% 和 10% 的统计水平上显著；括号内为异方差稳健标准误；控制变量同表 7-3，因篇幅限制不再展示。

四、本章小结

本章基于东、中、西部 4 省 876 个农民创业者的调查数据，系统探究了信任与农民创业绩效的关系。研究结果表明：①信任对农民创业绩效具有显著的正向影响，即对于农民创业者而言，信任水平越高，其创业绩效越好。②创业学习在信任与创业绩效之间起中介作用，简言之，信任通过提高农民创业者对信息和知识的接纳度，帮助农民创业者开展创业学习，增强创业技能，进而提升创业绩效。③创业环境调节了创业学习在信任和创业绩效之间的中介作用，但创业环境对创业学习和创业绩效之间的调节作用没有得到验证，可能的解释是，创业学习影响创业绩效的内在逻辑是农民创业者通过学习丰富创业知识并提升创业能力，但知识和能力的运用更多受制于创业者自身特质和主观能动性，从而使得创业环境的调节机制未能发挥显著作用。

基于研究结论，本章得到如下政策启示：首先，从信任的角度出发，政府应加强诚信文化建设及社会主义核心价值观的宣传，提高社会总体信任水平；对缺乏信任的事件增加媒体曝光度和舆论关注度，引导并重构农村地区社会信任。其次，从创业学习的角度来看，基层政府相关部门应丰富农民创业培训内容，培养农民创业者的学习意识和学习能力；成立农民创业协会，鼓励创业者相互学习、经验分享，共同提高创业能力。最后，各级政府应完善创业支持政策，营造良好创业环境，通过完善要素市场、金融支持政策、网络信息平台、基础设施建设等，为农民创业者提供良好的外部环境。

第八章　研究结论与政策建议

一、研究结论

本书基于"大众创新，万众创业"指导方针实施以来，农村创业蓬勃发展，农民创业热情持续提升，但创业总量依然不大、创业过程风险较高、产业效益偏低，农民创业发生率和成功率亟须提升的现实背景，参考创业过程理论、创业机会识别理论、资源基础观等理论，构建了创业过程视角下信任对农民创业影响的理论分析框架，详细阐述了信任对农民创业选择决策、农民创业机会识别、农民创业资源获取与农民创业绩效的影响机理，在清晰界定信任概念内涵外延的基础上建立了三维信任的综合指标评价体系，梳理并设计了农民创业选择决策、创业机会识别、创业资源获取、农民创业绩效的代理指标或测量量表，采用中国家庭追踪调查 2012—2018 年全国农村地区的微观数据与课题组在浙江、安徽、河南、陕西等地实地搜集的 890 份农民创业者专项调查数据，描述统计了全国范围内农民创业率，提炼了农民创业者的主要特征，归纳了农民创业者信任的基本特点，运用二元选择模型和异方差工具变量法实证检验了信任对农民创业选择决策的影响；运用链式多重中介模型和层次回归法实证检验了信任对农民创业机会识别的直接影响以及信任通过创业警觉性和外部知识获取对农民创业机会识别的间接影响；运用考虑内生性的二元选择模型，实证分析了信任对农民创业资金获取、劳动力获取、信息获取的影响；运用有调节的中介模型实证检验了信任对农民创业绩效的直接效应、信任通过创业学习对农民创业绩效的中介效应以及创业环境在其中的调节效应，得到如下研究结论：

（1）从全国的微观数据看，农民创业发生率约为 8%，存在明显的区域差异，长三角和珠三角区部分省份处于较高水平，因此须进一步提高农民创业发生率，缩小区域间差异。从农民创业专项调研数据看，农民创业者以种植业为主，养殖业和生产性服务业为辅。农民创业者识别出的创业机会数量多为3个以内，农民创业机会识别量表得分处于中等偏上水平，但在行业和区域之间存在差异性。农民创业资金的首要来源渠道为个人积蓄，随后是亲戚朋友资助，银行贷款占比较低。农民创业信息的来源渠道主要为家人亲戚和朋友熟人，通过政府等正规部门的占比较少。农民创业者的纯收入处于较高水平，中位数达到12万元，超过农民收入平均水平。就农民创业绩效量表得分而言，整体处于中等水平但在不同维度和省份间存在差异，其中生存绩效大于个人绩效大于成长绩效，总体来看，农民创业仍处于生存阶段，创业绩效具有进一步提升的空间。就农民创业者的信任水平而言，整体信任水平为中等偏上，其中制度信任大于情感信任大于社会信任，且信任水平存在明显的地域差异。

（2）信任可以显著提升农民进行创业的概率，持"大多数人可以信任"态度的农民进入创业的概率比持"与人相处要越小心越好"态度的农民要高出1个百分点，占全国农民创业发生率的八分之一。分维度来看，以对邻居的信任程度代理的情感信任显著促进了农民创业选择决策，以对陌生人的信任程度代理的社会信任显著正向影响农民创业选择决策，而社会信任的边际效应量略大于情感信任，以对地方官员信任程度代理的制度信任显著抑制了农民创业选择。此外，年龄、受教育水平、民族、家庭规模、家庭老年人占比等变量也是影响农民创业选择的重要因素。具体而言，受教育水平、是否为党员、是否为汉族、是否有理财投资行为对农民创业选择具有显著正向影响，年龄、家庭老年人占比、家庭总收入对农民创业选择具有显著负向影响。

（3）信任对农民创业机会识别具有显著正向影响，即信任水平较高的农民创业者在创业机会识别方面具有显著优势。外部知识获取在信任与农民创业机会识别之间发挥积极中介作用，即信任程度较高的农民创业者通过增加外部知识获取来促进其创业机会识别。创业警觉性在信任与农民创业机会识别之间发挥部分中介作用，即信任水平越高的农民创业者，创业警觉性越高，因而能更敏锐更迅速地识别出有前景的创业机会。外部知识获取与创业警觉性在信任对农民创业机会识别的作用中发挥链式中介效应，表明农民创业者信任水平对创业机会识别的作用机制除创业警觉性和外部知识获取两者单独的中介路径外，还包括外部知识获取与创业警觉性的链式影响。从效应量来看，创业警觉性的效应量大于外部知识获取的效应量大于两者链式中介的效应量。

（4）信任对农民创业资源获取具有显著正向影响。首先，创业资金获取方面，信任可以显著提高创业者通过亲戚朋友获取创业资金的概率，但信任对创业者通过社会关系获取创业资金与通过银行贷款获取创业资金的影响不显著。其中，情感信任和制度信任均能促进创业者通过亲戚朋友获取创业资金，且情感信任的边际效应量大于制度信任，而社会信任的影响未通过显著性检验。其次，创业劳动力获取方面，信任能显著促进创业劳动力资源的获取。其中，情感信任和社会信任对劳动力获取均产生显著正向影响，情感信任的边际效应值大于社会信任的效应值，但制度信任的影响不显著。最后，创业信息获取方面，信任对创业信息资源获取具有显著正向影响。其中，情感信任和社会信任均正向促进创业信息获取，且情感信任的影响略大于社会信任的影响，但制度信任对创业信息获取的影响未通过显著性检验。

（5）信任对农民创业绩效具有显著正向影响，即对于农民创业者而言，信任水平越高，其创业绩效越好。其中，制度信任的正向作用大于情感信任大于社会信任。创业学习在信任与创业绩效之间起中介作用，简言之，信任通过提高农民创业者对信息和知识的接纳度，帮助农民创业者开展创业学习，增强创业技能，进而提升创业绩效。其中，创业学习中介效应量在情感信任对农民创业绩效的影响中最大，制度信任次之，社会信任最小。创业环境调节了创业学习在信任和创业绩效之间的中介作用，但创业环境在创业学习和创业绩效之间的调节作用没有得到验证。此外，信任对农民创业绩效的促进作用不仅在创业领域、创业类型、创业者性别等方面存在异质性，还会受到情感信任和制度"差序格局"的影响。

二、政策建议

（一）加强诚信文化建设，全面提升乡村地区信任水平

（1）宣扬信任文化。国家层面，通过互联网、手机等新媒体渠道广泛宣传企业和个人的诚信事迹，营造诚信社会氛围；通过组织大型社会公益活

动，弘扬社会主义核心价值观。地区层面，通过报纸、杂志、宣传栏等方式对诚信价值观进行深入传播；鼓励基层政府和教育机构，对农民创业者、农业市场参与主体进行诚信培训及教育。

（2）褒扬守信事件。通过新农村建设，完善农村地区征信体系，加强诚信信息共享，提高诚信体系的流动性和权威性，为评价农村地区诚信水平提供科学平台。定期评选社区内诚信模范企业和个人，并对其典型诚信事件进行推介和宣传，条件允许的地区可以对诚信主体进行物质或精神奖励。对于诚信程度较高的农民创业者，可为其开通融资贷款、创业材料快速审批等绿色通道，向社会传递积极信号。在政府发展项目及地区扶持计划等项目申报过程中，给予诚信企业和个人一定程度的倾斜。

（3）惩戒失信行为。建立乡村失信举报机制，鼓励村民举报失信行为和主体，通过诚信系统"黑名单"机制对个人失信行为进行记录。对乡村内部普通失信行为主体采取社会性惩罚，主要通过面子观念、声誉机制等方式进行。对行业内失信行为主体采取行业性惩罚，通过行业协会或商会等组织按照行业内部规范和规定对失信主体进行警告、批评等方式的惩戒。对于严重失信行为主体可适当采取行政性惩罚措施，具有严重失信记录的个人，应在其申请银行贷款、项目审批、生产许可证时严格把关和控制，限制其可申请的项目内容。

（二）营造公平市场秩序，降低创业的不确定性和风险

（1）加强正式制度建设。国家出台的相关法律和法规不仅对社会诚信体系建设发挥着重要支撑作用，还对营造公平公正的市场秩序起助推作用。应完善市场相关法律法规建设，深化创业相关制度改革，约束市场参与主体行为，坚决惩罚不正当竞争行为。健全归属清晰、权责明确、保护严格、流转顺畅的现代产权制度，不遗余力地保护农民创业者的财产权利。完善知识产权保护法律建设，保护创业者创新成果，对于侵权行为进行严厉打击。

（2）建立公开透明的市场秩序，降低市场风险。促进市场公共资源开放与共享，减少市场信息不对称性。肃清一切违背市场规律和阻碍市场公平竞争的规制和条例，在市场交易的纠纷处理中，不仅要追求结果公平，还要重视起点公平和过程公平。建立违反公平竞争的举报通道。

（3）约束市场主体行为，减少行为不确定性。利用协会和商会等行业内的组织，监督市场中交易过程和交易主体行为，完善相关市场规程。设立第三方合同签订机构，监督非正式合同签订双方的行为。

（三）优化创业培训服务，缓解农民创业人力资本瓶颈

（1）加大培训力度。对于农民创业过程中存在的能力短板，应增加农民创业培训服务的开班次数。扩大农民创业培训目标群体的范围，对于具有潜力和示范作用的农民创业人员，应支持其参加高等院校、专业培训机构的创业培训，并鼓励其返乡后分享学习经验。降低创业培训服务的加入门槛，让有创业意向的农民均可使用优质的培训服务。

（2）创新培训方式。利用互联网和自媒体等新型传播工具对传统培训方式进行重构，录制培训视频以备错过培训时间的农民抽空学习。采取传统面对面和线上直播等多种方式相互结合的培训方法，以增强培训效果。邀请高校、企业中身处创业一线的研究专家和实践人员举办讲座和访谈，现身说法让农民创业者感同身受。对于有条件的农民创业培训学校推行案例教学、观摩教学等新型培训方式。

（3）丰富培训内容。针对农民创业者对创业通识知识和能力的迫切需求，除传统生产专业技术培训外，应增加创业机会识别的方法和技巧等相关内容，提高农民创业者警觉性，增强发现机会的能力；增加创业信息搜寻、知识获取的技能和方法培训，增强农民创业过程中信息获取的能力；增加对创业风险客观认识的内容，提高农民创业者抵御风险的能力，增强创业持久性；增加创业团队运营管理的内容，促进农民创业向更大更强发展。

（四）拓宽资源获取渠道，破解农民创新创业资源约束

（1）扩展创业融资渠道。鼓励和支持县域地区银行创新金融产品和服务。放宽农民创业贷款的申请条件，细化针对不同农民创业群体的贷款方案，完善农村地区抵押物范围，增加免抵押、免担保的金融产品。为投资到乡村地区的投资企业和天使投资人提供相关税收优惠政策，促进资金向农村地区流动。对于符合返乡创业条件的创业人员给予一定的创业补贴及财税减免优惠。

（2）完善劳动力市场建设。完善劳动力市场信息公开，建立农民创业企业用工信息采集制度，提供用工指导，促进劳动力的通畅流动，同时利用互联网平台创立网上人才市场，为农民创业者雇用劳动力提供便利。实施专业人才更新计划，鼓励并支持农民创业企业引进大学生、专业技术人员等，出台适合当地的人才引进政策及相关补贴额度。对符合条件的在农村地区进行创新创业的各界人士全面放开城镇落户限制，将其纳入城镇医疗和教育等保障体系。

（3）增强信息服务供给。加速完善"互联网＋"农民创业信息服务，降低信息获取门槛，提升信息利用效率。建立农民创业机会信息统一发布平台，增强创业机会信息透明度。及时更新创业政策、市场需求、原材料供给、生产技术等信息，并通过手机短信、订阅号等多种方式向农民推送。

（五）着力创业环境升级，激活乡村地区创新创业潜能

（1）打造亲商安商环境。因地制宜设立农民创业专项支持资金，激活农民创业激情。对农民创业过程中的多项税费，如场地租赁费、管理费、服务费等进行一定额度的减免，降低农民创业生产经营成本，减少创业者的成本顾虑。进一步加大乡村地区基础设施建设，包括农村电网改造，村组硬化路以及治安防控体系建设，为农民提供安心放心的创业环境。

（2）简政放权，优化服务质量。降低农民创业的准入门槛和制度性交易成本，清理农民创业审批过程中不合理的收费项目。精简农民创业的审批手续，优化扶持项目申请流程，将部分创业手续下放到村级社区层面，方便农民创业者办理。

（3）培训新型互联网服务平台。研发符合"三农"特点的信息产品、应用和服务，推动远程教育等应用普及，弥合城乡数字鸿沟。推动 5G 平台、大数据、区块链等技术在农民创业领域的应用，助力打造"一站式"服务平台。培育互联网服务平台，引导社会资本和大学生创客、返乡能人等返乡入乡开展农村电商、直播带货、乡村旅游等创业项目。

参 考 文 献

边燕杰，杨洋.2019.中国大众创业的核心元素：创业者的关系嵌入与核心关系圈［J］.探索与争鸣（9）：158-168.

蔡莉，崔启国，史琳.2007.创业环境研究框架［J］.吉林大学社会科学学报（1）：50-56.

蔡莉，汤淑琴，马艳丽，等.2014.创业学习、创业能力与新企业绩效的关系研究［J］.科学学研究（8）：1189-1197.

曹瓅，罗剑朝.2019.社会资本、金融素养与农户创业融资决策［J］.中南财经政法大学学报（3）：3-13.

柴时军，郑云.2019.人格特征与农户创业选择［J］.经济经纬（1）：34-40.

柴时军.2019.信任视角下的家庭融资渠道偏好研究［J］.经济与管理研究（11）：56-69.

陈文沛.2016.关系网络与创业机会识别：创业学习的多重中介效应［J］.科学学研究（9）：1391-1396.

陈习定，张芳芳，黄庆华，段玲玲.2018.基础设施对农户创业的影响研究［J］.农业技术经济（4）：80-89.

陈颐.2017.儒家文化、社会信任与普惠金融［J］.财贸经济（4）：5-20.

池上新.2015.市场化、政治价值观与中国居民的政府信任［J］.社会（2）：166-191.

初浩楠，廖建桥.2008.认知和情感信任对知识共享影响的实证研究［J］.科技管理研究（9）：238-240.

单标安，蔡莉，鲁喜凤，刘钊.2014.创业学习的内涵、维度及其测量［J］.科学学研究（12）：1867-1875.

单标安，陈海涛，鲁喜凤，陈彪.2015.创业知识的理论来源、内涵界定及其获取模型构建［J］.外国经济与管理（9）：17-28.

邓鑫.2018.多元文化与社会信任：基于《中国综合社会调查》的实证研究［J］.四川师范大学学报（社会科学版）（4）：73-84.

丁从明，周颖，梁甄桥.2018.南稻北麦、协作与信任的经验研究［J］.经济学（季刊）（2）：579-608.

丁高洁，郭红东 . 2013. 社会资本对农民创业绩效的影响研究 ［J］. 华南农业大学学报
　（社会科学版）（2）：50 - 57.

董静，赵策 . 2019. 家庭支持对农民创业动机的影响研究：兼论人缘关系的替代作用
　［J］. 中国人口科学（1）：61 - 75.

董晓林，孙楠，吴文琪 . 2019. 人力资本、家庭融资与农户创业决策：基于 CFPS7981 个
　有效样本的实证分析 ［J］. 中国农村观察（3）：109 - 123.

窦凯，聂衍刚，王玉洁，刘耀中 . 2018. 信任还是设防？互动博弈中社会善念对合作行
　为的促进效应 ［J］. 心理科学（2）：390 - 396.

段正梁，彭阶贞，危湘衡 . 2015. 酒店员工领导信任及其与工作满意度的关系 ［J］. 旅游
　学刊（2）：69 - 78.

高学德，翟学伟 . 2013. 政府信任的城乡比较 ［J］. 社会学研究（2）：1 - 27.

耿紫珍，刘新梅，杨晨辉 . 2012. 战略导向、外部知识获取对组织创造力的影响 ［J］. 南
　开管理评论（4）：15 - 27.

贡喆，刘昌，沈汪兵，王贤，石荣 . 2017. 信任对创造力的影响：激发、抑制以及倒 U
　假设 ［J］. 心理科学进展（3）：463 - 474.

郭铖，何安华 . 2017. 社会资本、创业环境与农民涉农创业绩效 ［J］. 上海财经大学学报
　（2）：76 - 85.

郭红东，丁高洁 . 2012. 社会资本、先验知识与农民创业机会识别 ［J］. 华南农业大学学
　报（社会科学版）（3）：78 - 85.

郭红东，丁高洁 . 2013. 关系网络、机会创新性与农民创业绩效 ［J］. 中国农村经济
　（8）：78 - 87.

郭红东，周惠珺 . 2013. 先前经验、创业警觉与农民创业机会识别：一个中介效应模型
　及其启示 ［J］. 浙江大学学报（人文社会科学版）（4）：17 - 27.

郭慧云，丛杭青，朱葆伟 . 2012. 信任论纲 ［J］. 哲学研究（6）：3 - 12.

何金财，孙永苑，杜在超，张林 . 2016. 关系、正规与非正规信贷 ［J］. 经济学（季刊）
　（1）：597 - 626.

何婧，李庆海 . 2019. 数字金融使用与农户创业行为 ［J］. 中国农村经济（1）：112 - 126.

胡洁 . 2020. 市场化与当代中国民众的人际信任 ［J］. 社会学评论（3）：90 - 104.

黄玖立，刘畅 . 2017. 方言与社会信任 ［J］. 财经研究（7）：83 - 94.

蒋剑勇，钱文荣，郭红东 . 2013. 社会网络、社会技能与农民创业资源获取 ［J］. 浙江大
　学学报（人文社会科学版）（1）：85 - 100.

蒋剑勇，钱文荣，郭红东 . 2014. 农民创业机会识别的影响因素研究：基于 968 份问卷的

调查〔J〕.南京农业大学学报（社会科学版）（1）：51 - 58.

孔海东，刘兵，张培.2020.中国企业情境下信任与绩效的 Meta 分析〔J〕.软科学（2）：
 103 - 110.

李长生，黄季焜.2020.异质性信贷约束对农民创业绩效的影响〔J〕.财贸经济（3）：
 1 - 15.

李长生，刘西川.2020.土地流转的创业效应：基于内生转换 Probit 模型的实证分析
 〔J〕.中国农村经济（5）：96 - 112.

李后建，刘维维.2018.家庭的嵌入对贫困地区农民创业绩效的影响：基于拼凑理论的
 实证检验〔J〕.农业技术经济（7）：132 - 142.

李明贤，周蓉.2018.社会信任、关系网络与合作社社员资金互助行为：基于一个典型
 案例研究〔J〕.农业经济问题（5）：103 - 113.

李珊珊，徐向艺.2019."互联网＋"是否有效促进了小微企业创新？〔J〕.山东社会科
 学（2）：149 - 154.

李涛，朱俊兵，伏霖.2017.聪明人更愿意创业吗？来自中国的经验发现〔J〕.经济研究
 （3）：91 - 105.

李伟民，梁玉成.2002.特殊信任与普遍信任：中国人信任的结构与特征〔J〕.社会学研
 究（3）：11 - 22.

李文金，蔡莉，安舜禹，单标安.2012.关系对创业企业融资的影响研究：基于信任的
 解释〔J〕.数理统计与管理（3）：491 - 498.

李新春，叶文平，唐嘉宏，区玉辉.2015.创始爱心资金获取：情感信任还是能力信任
 〔J〕.管理科学（2）：40 - 48.

李新春，叶文平，朱沆.2017.社会资本与女性创业：基于 GEM 数据的跨国（地区）比
 较研究〔J〕.管理科学学报（8）：112 - 126.

李颖晖.2020.强关系主导与双重资源获取：青年群体创业过程中的社会网络使用分析
 〔J〕.中国青年研究（7）：96 - 104.

李自杰，李毅，郑艺.2010.信任对知识获取的影响机制〔J〕.管理世界（8）：179 - 180.

林丽，张建新.2002.人际信任研究及其在组织管理中的应用〔J〕.心理科学进展（3）：
 322 - 329.

凌鸿程，孙怡龙.2019.社会信任提高了企业创新能力吗？〔J〕.科学学研究（10）：
 1912 - 1920.

刘宝华，罗宏，周微，杨行.2016.社会信任与股价崩盘风险〔J〕.财贸经济（9）：53 - 66.

刘畅，齐斯源，王博.2015.创业环境对农村微型企业创业绩效引致路径的实证分

析——基于东北地区实地调研数据 [J]. 农业经济问题 (5)：104 - 109.

刘东，张震，汪默 . 2012. 被调节的中介和被中介的调节：理论构建与模型检验 [C] // 陈晓萍，徐淑英，樊景立 . 组织与管理研究的实证方法（第 2 版）. 北京：北京大学出版社：553 - 587.

刘万利，胡培，许昆鹏 . 2011. 创业机会真能促进创业意愿产生吗：基于创业自我效能与感知风险的混合效应研究 [J]. 南开管理评论 (5)：83 - 90.

刘新智，刘雨姗，刘雨松 . 2017. 金融支持对农户创业的影响及其空间差异分析：基于 CFPS2014 数据的研究 [J]. 宏观经济研究 (11)：139 - 149.

吕朝凤，陈汉鹏，Santos López - Leyva. 2019. 社会信任、不完全契约与长期经济增长 [J]. 经济研究 (3)：4 - 20.

罗明忠，陈明 . 2014. 人格特质、创业学习与农民创业绩效 [J]. 中国农村经济 (10)：62 - 75.

罗明忠，陈明 . 2015. 人格特质对农民创业绩效影响的实证分析：兼议人力资本的调节作用 [J]. 华中农业大学学报（社会科学版）(2)：41 - 48.

麻宝斌，马永强 . 2019. 不公平经历对政府信任的消极影响 [J]. 学术交流 (10)：114 - 123.

马得勇 . 2007. 政治信任及其起源：对亚洲 8 个国家和地区的比较研究 [J]. 经济社会体制比较 (5)：79 - 86.

马红玉，王转弟 . 2018. 社会资本、心理资本对农民工创业绩效影响研究：基于陕西省 889 份农户调研数据 [J]. 农林经济管理学报 (6)：738 - 745.

买忆媛，徐承志 . 2012. 工作经验对社会企业创业资源整合的影响 [J]. 管理学报 (1)：82 - 88.

莫媛，张好佳，许少达 . 2018. 家庭人口学特征与农户的创业选择：来自江苏省的实证调研 [J]. 西北人口 (2)：24 - 31.

任胜钢，高欣，赵天宇 . 2016. 中国创业的人脉资源究竟重要吗？网络跨度与信任的交互效应研究 [J]. 科学学与科学技术管理 (3)：146 - 154.

芮正云，史清华 . 2018. 中国农民工创业绩效提升机制：理论模型与实证检验——基于"能力-资源-认知"综合范式观 [J]. 农业经济问题 (4)：108 - 120.

芮正云，庄晋财，罗瑾琏 . 2016. 社会资本对获取创业知识的驱动过程解构：基于创业者能力视角 [J]. 科学学与科学技术管理 (1)：58 - 68.

芮正云，庄晋财 . 2014. 农民工创业者网络能力与创业绩效关系：动态能力的中介效应 [J]. 财贸研究 (6)：30 - 37.

申丹琳 . 2019. 社会信任与企业风险承担 [J]. 经济管理 (8)：147 - 161.

苏岚岚，孔荣.2019.金融素养、创业培训与农民创业决策［J］.华南农业大学学报（社会科学版）（3）：53-66.

苏岚岚，彭艳玲，孔荣.2016.农民创业能力对创业获得感的影响研究：基于创业绩效中介效应与创业动机调节效应的分析［J］.农业技术经济（12）：63-75.

苏涛，陈春花，崔小雨，陈鸿志.2017.信任之下，其效何如：来自Meta分析的证据［J］.南开管理评论（4）：179-192.

粟芳，方蕾，贺小刚，等.2019.正规融资还是非正规融资？农户创业的融资选择及其影响因素［J］.经济与管理研究：（12）：1-18.

孙红霞，孙梁，李美青.2010.农民创业研究前沿探析与我国转型时期研究框架构建［J］.外国经济与管理（6）：31-37.

孙永波，丁沂昕.2018.创业导向、外部知识获取与创业机会识别［J］.经济与管理研究（5）：130-144.

王兵，吕梦，苏文兵.2018.弃政从商：企业家从政经历与企业资源获取［J］.中国经济问题（6）：86-98.

王朝云.2010.创业机会的内涵和外延辨析［J］.外国经济与管理（6）：23-30.

王飞雪，山岸俊男.1999.信任的中、日、美比较研究［J］.社会学研究（2）：69-84.

王国红，周怡君，邢蕊.2018.社会网络强弱关系对创新性机会识别的影响［J］.科技进步与对策（19）：8-14.

王洁琼，孙泽厚.2018.新型农业创业人才三维资本、创业环境与创业企业绩效［J］.中国农村经济（2）：81-94.

王菁，张锐.2017.家庭关爱的力量：子女数量对创业决定的影响［J］.经济学动态（4）：90-100.

王俊秀，周迎楠，刘晓柳.2020.信息、信任与信心：风险共同体的建构机制［J］.社会学研究（4）：25-45.

王鹏，朱方伟，宋昊阳，等.2019.人际信任与知识隐藏行为：个人声誉关注与不确定性感知的联合调节［J］.管理评论（1）：155-170.

王绍光，刘欣.2002.信任的基础：一种理性的解释［J］.社会学研究（3）：23-39.

王书斌，徐盈之.2016.信任、初创期企业扩张与市场退出风险［J］.财贸经济（4）：58-70.

王伟同，周佳音.2019.互联网与社会信任：微观证据与影响机制［J］.财贸经济（10）：111-125.

王旭，朱秀梅.2010.创业动机、机会开发与资源整合关系实证研究［J］.科研管理

（5）：54－60.

王雪莉，林洋帆，杨百寅，马琳.2013.信任的双刃剑：对变革型领导与知识分享关系的中介作用 [J]. 科学学与科学技术管理（8）：172－180.

王艳，李善民.2017.社会信任是否会提升企业并购绩效？[J]. 管理世界（12）：125－140.

王永贵，刘菲.2019.信任有助于提升创新绩效吗：基于B2B背景的理论探讨与实证分析 [J]. 中国工业经济（12）：152－170.

王勇.2017.创业环境、风险态度与新生代农民工的创业倾向 [J]. 经济体制改革（1）：67－75.

韦慧民，龙立荣.2009.主管认知信任和情感信任对员工行为及绩效的影响 [J]. 心理学报（1）：86－94.

温忠麟，刘红云，侯杰泰.2012.调节效应和中介效应分析 [M]. 北京：教育科学出版社.

肖唐镖，赵宏月.2019.政治信任的品质对象究竟是什么？我国民众政治信任的内在结构分析 [J]. 政治学研究（2）：61－72.

杨婵，贺小刚，朱丽娜，王博霖.2017.垂直薪酬差距与新创企业的创新精神 [J]. 财经研究（7）：32－44.

杨怀佳，张波.2019.储蓄率、财富与家庭创业：基于CHFS数据的分析 [J]. 山西财经大学学报（11）：14－26.

杨金龙.2018.社会信任提升有益于农业转移人口创业吗：基于中国综合社会调查（CGSS）数据的实证分析 [J]. 吉林大学社会科学学报（5）：81－91.

杨特，赵文红，周密.2018.网络规模对创业资源获取的影响：创业者先前经验的调节作用 [J]. 科技进步与对策（2）：1－9.

杨晓兰，C. Bram Cadsby，宋菲.2020.留守儿童更信任他人吗？来自实验经济学的证据 [J]. 南方经济（4）：29－39.

杨孝良，王崇举.2019.社会资本、资源获取与移民创业绩效：基于三峡库区的调研数据 [J]. 农村经济（2）：62－69.

杨学儒，韩剑，徐峰.2019.乡村振兴背景下休闲农业产业升级：一个创业机会视角的实证研究 [J]. 学术研究（6）：101－109.

杨学儒，杨萍.2017.乡村旅游创业机会识别实证研究 [J]. 旅游学刊（2）：89－103.

杨学儒，邹宝玲.2018.模仿还是创新：互联网时代新生代农民工创业机会识别实证研究 [J]. 学术研究（5）：77－83.

杨震宁，李东红，范黎波.2013.身陷"盘丝洞"：社会网络关系嵌入过度影响了创业过程吗？[J]. 管理世界（12）：101－116.

杨中芳，彭泗清 . 1999. 中国人人际信任的概念化：一个人际关系的观点 [J]. 社会学研
　　究（2）：3 - 23.

易朝辉，罗志辉，兰勇 . 2018. 创业拼凑、创业能力与家庭农场创业绩效关系研究 [J].
　　农业技术经济（10）：86 - 96.

尹志超，潘北啸 . 2020. 信任视角下的家庭借贷行为研究 [J]. 金融论坛（4）：15 - 26.

于晓宇，刘婷，陈依，肖一凡 . 2018. 如何精准扶贫？制度空隙、家庭嵌入与非正规创
　　业绩效 [J]. 管理学季刊（3）：46 - 67.

余泓波 . 2017. 变动中的差序：农民人际信任变迁及其影响因素：基于 2002—2015 年江
　　西 40 村五波问卷调查数据的分析 [J]. 华中师范大学学报（人文社会科学版）（5）：
　　1 - 10.

余绍忠 . 2013. 创业绩效研究述评 [J]. 外国经济与管理（2）：34 - 42.

曾燕萍 . 2019. 信任及其对经济发展的影响：一个研究综述 [J]. 国外社会科学（2）：
　　75 - 81.

张广琦，陈忠卫，李宏贵 . 2016. 什么样的创业团队才有助于降低离职倾向？基于人际
　　信任的视角 [J]. 管理评论（12）：127 - 144.

张红，葛宝山 . 2014. 创业机会识别研究现状述评及整合模型构建 [J]. 外国经济与管理
　　（4）：15 - 24.

张敬伟，裴雪婷 . 2018. 中国农民创业者的创业学习行为探析 [J]. 科学学研究（11）：
　　2046 - 2054.

张立芸，谭康荣 . 2005. 制度信任的趋势与结构：「多重等级评量」的分析策略 [J]. 台
　　湾社会学刊（35）：75 - 126.

张培，王爱民 . 2017. 社会资本对农户参与资金互助社意愿的影响：基于徐州市 393 份农
　　户调查数据的分析 [J]. 湖南农业大学学报（社会科学版）（4）：24 - 29.

张培，夏立真，马建龙，孔海东 . 2018. 多维信任、知识转移与软件外包绩效 [J]. 科研
　　管理（6）：169 - 176.

张维迎 . 2002. 法律制度的信誉基础 [J]. 经济研究（1）：3 - 13.

张文宏，于宜民 . 2020. 社会网络、社会地位、社会信任对居民心理健康的影响 [J]. 福
　　建师范大学学报（哲学社会科学版）（2）：100 - 111.

张秀娥，祁伟宏，李泽卉 . 2017. 创业者经验对创业机会识别的影响机制研究 [J]. 科学
　　学研究（3）：419 - 427.

张秀娥，祁伟宏 . 2016. 创业信息生态系统模型的构建及运行机制研究 [J]. 科技管理研
　　究（18）：165 - 170.

张秀娥，徐雪娇.2017.创业学习、创业警觉性与农民创业机会识别：一个中介效应模型及其启示［J］.商业研究（11）：178-186.

张云武.2009.不同规模地区居民的人际信任与社会交往［J］.社会学研究（4）：112-132.

赵德昭.2016.农民工返乡创业绩效的影响因素研究［J］.经济学家（7）：84-91.

赵红丹，夏青.2019.人际不信任、消极情感与知识隐藏行为研究［J］.科研管理（8）：284-292.

赵媛，王远均，薛小婕.2016.大众创业背景下的我国农民信息获取现状及改善对策［J］.四川大学学报（哲学社会科学版）（2）：121-131.

郑风田.2018.乡村振兴战略给乡村企业带来哪些新机遇［J］.人民论坛（17）：61-63.

郑可，卢毅.2018.农民创业机会开发活跃度的宏观影响因素探索：基于2005—2014年农村省际面板数据的实证［J］.农村经济（2）：123-128.

郑也夫.1999.信任：溯源与定义［J］.北京社会科学（4）：118-123.

郑也夫.2015.信任论［M］.北京：中信出版社.

周冬梅，鲁若愚.2011.创业网络中基于关系信任的信息搜寻行为研究［J］.管理工程学报（4）：52-57.

周广肃，谢绚丽，李力行.2015.信任对家庭创业决策的影响及机制探讨［J］.管理世界（12）：121-129.

朱红根，葛继红.2018.政府规制对农业企业绿色创业影响的理论与实证：以江西省农业龙头企业为例［J］.华东经济管理（11）：30-36.

朱红根，江慧珍，康兰媛.2015.创业环境对农民创业绩效的影响：基于DEA-Tobit模型的实证分析［J］.商业研究（3）：112-118.

朱红根，康兰媛.2013.金融环境、政策支持与农民创业意愿［J］.中国农村观察（5）：24-33.

朱红根，康兰媛.2016.家庭资本禀赋与农民创业绩效实证分析［J］.商业研究（7）：33-41.

朱志胜.2019.非认知能力与乡城移民创业选择：来自CMDS的经验证据［J］.中国人力资源开发（10）：93-107.

庄晋财，李丹.2018."互联网＋"对农民创业机会开发的影响研究［J］.广西大学学报（哲学社会科学版）（5）：104-110.

庄晋财，芮正云，曾纪芬.2014.双重网络嵌入、创业资源获取对农民工创业能力的影响：基于赣、皖、苏183个农民工创业样本的实证分析［J］.中国农村观察（3）：29-41.

邹文，刘志铭，杨志江 . 2020. 贫富差距、金融市场化与家庭创业选择：基于 CFPS 数据的实证分析 [J]. 华南师范大学学报（社会科学版）(2)：102 - 113.

Addison J，Teixeira P. 2019. Trust and Workplace Performance [R]. CESifo Working Paper Series.

Adler P S. 2001. Market，Hierarchy，and Trust：The Knowledge Economy and the Future of Capitalism [J]. Organization Science，12 (2)：215 - 234.

Ahmad M，Hall S G. 2017. Trust - Based Social Capital，Economic Growth and Property Rights：Explaining the Relationship [J]. International Journal of Social Economics，44 (1)：21 - 52.

Akgün A Y A，Baycan - Levent T N，Nijkamp P，Poot J. 2011. Roles of Local and Newcomer Entrepreneurs in Rural Development：A Comparative Meta - Analytic Study [J]. Regional Studies，45 (9)：1207 - 1223.

Alberti F，Conte A，Di Cagno D T，Sciubba E. 2020. How Do we Choose Whom to Trust? The Effect of Social Networks on Trust [R]. Portsmouth Business School Working Paper Series.

Aldrich H E，Pfeffer J. 1976. Environments of Organizations [J]. Annual Review of Sociology，2 (1)：79 - 105.

Aldrich H E. 2000. Entrepreneurial Strategies in New Organizational Populations [J]. Entrepreneurship：The Social Science View：211 - 228.

Algan Y，Cahuc P，Sangnier M. 2016. Trust and the Welfare State：The Twin Peaks Curve [J]. The Economic Journal，126 (593)：861 - 883.

Almond G A，Verba S. 2015. The Civic Culture：Political Attitudes and Democracy in Five Nations [M]. princeton：Princeton University Press.

Anderson A R，Jack S L. 2002. The Articulation of Social Capital in Entrepreneurial Networks：A Glue Or a Lubricant? [J]. Entrepreneurship & Regional Development，14 (3)：193 - 210.

Ardichvili A，Cardozo R，Ray S. 2003. A Theory of Entrepreneurial Opportunity Identification and Development [J]. Journal of Business Venturing，18 (1)：105 - 123.

Arenius P，Minniti M. 2005. Perceptual Variables and Nascent Entrepreneurship [J]. Small Business Economics，24 (3)：233 - 247.

Arrow K J. 1972. Gifts and Exchanges [J]. Philosophy & Public Affairs：343 - 362.

Arrow K J. 1974. The Limits of Organization [M]. New York：WW Norton & Company.

Audretsch D B, Keilbach M. 2007. The Theory of Knowledge Spillover Entrepreneurship [J]. Journal of Management Studies, 44 (7): 1242 - 1254.

Barney J. 1991. Firm Resources and Sustained Competitive Advantage [J]. Journal of Management, 17 (1): 99 - 120.

Baron R M, Kenny D A. 1986. The Moderator - Mediator Variable Distinction in Social Psychological Research: Conceptual, Strategic, and Statistical Considerations. [J]. Journal of Personality and Social Psychology, 51 (6): 1173 - 1182.

Bauke B, Semrau T, Han Z. 2016. Relational Trust and New Ventures' Performance: The Moderating Impact of National - Level Institutional Weakness [J]. International Entrepreneurship and Management Journal, 12 (4): 1007 - 1024.

Bennett N, Lemoine J. 2014. What VUCA Really Means for You [J]. Harvard Business Review, 92 (1/2).

Berg J, Dickhaut J, McCabe K. 1995. Trust, Reciprocity, and Social History [J]. Games and Economic Behavior, 10 (1): 122 - 142.

Berggren N, Elinder M, Jordahl H. 2008. Trust and Growth: A Shaky Relationship [J]. Empirical Economics, 35 (2): 251 - 274.

Bergh P, Thorgren S, Wincent J. 2011. Entrepreneurs Learning Together: The Importance of Building Trust for Learning and Exploiting Business Opportunities [J]. International Entrepreneurship and Management Journal, 7 (1): 17 - 37.

Berglund H. 2007. Opportunities as Existing and Created: A Study of Entrepreneurs in the Swedish Mobile Internet Industry [J]. Journal of Enterprising Culture, 15 (3): 243 - 273.

Bhagavatula S, Elfring T, van Tilburg A, van de Bunt G G. 2010. How Social and Human Capital Influence Opportunity Recognition and Resource Mobilization in India's Handloom Industry [J]. Journal of Business Venturing, 25 (3): 245 - 260.

Bhattacharya R, Devinney T M, Pillutla M M. 1998. A Formal Model of Trust Based on Outcomes [J]. Academy of Management Review, 23 (3): 459 - 472.

Bjornskov C, Méon P. 2015. The Productivity of Trust [J]. World Development, 70: 317 - 331.

Blau P. 2017. Exchange and Power in Social Life [M]. London: Routledge.

Brouwer M. 2000. Entrepreneurship and Uncertainty: Innovation and Competition Among the Many [J]. Small Business Economics, 15 (2): 149 - 160.

Brunetto Y, Farr Wharton R. 2007. The Moderating Role of Trust in SME Owner/Managers' Decision – Making About Collaboration [J]. Journal of Small Business Management, 45 (3): 362 – 387.

Buchanan I C. 2007. Emerging Giants: Building World – Class Companies in Developing Countries [J]. Harvard Business Review, 85 (4): 133 – 134.

Buenstorf G. 2007. Creation and Pursuit of Entrepreneurial Opportunities: An Evolutionary Economics Perspective [J]. Small Business Economics, 28 (4): 323 – 337.

Carmeli A, Reiter – Palmon R, Ziv E. 2010. Inclusive Leadership and Employee Involvement in Creative Tasks in the Workplace: The Mediating Role of Psychological Safety [J]. Creativity Research Journal, 22 (3): 250 – 260.

Castilla C. 2015. Trust and Reciprocity Between Spouses in India [J]. American Economic Review, 105 (5): 621 – 624.

Chou K, Lee T M C, Ho A H Y. 2007. Does Mood State Change Risk Taking Tendency in Older Adults? [J]. Psychology and Aging, 22 (2): 310 – 318.

Coleman J S. 1990. Foundations of Social Theory [M]. Cambridge: Harvard University Press.

Connelly C E, Zweig D. 2015. How Perpetrators and Targets Construe Knowledge Hiding in Organizations [J]. European Journal of Work and Organizational Psychology, 24 (3): 479 – 489.

Crowley F, Walsh E. 2018. How important are Personal Ties, Trust and Tolerance for Life Satisfaction in Europe? [R]. SRERC Working Paper Series.

Dai W, Arndt F, Liao M. 2020. Hear it straight from the horse's mouth: recognizing policy – induced opportunities [J]. Entrepreneurship & Regional Development, 32 (5 – 6): 408 – 428.

Danhof C H. 1949. Observations on Entrepreneurship in Agriculture [M]. Cambridge: Harvard University Press: 20 – 24.

Das T K, Teng B. 2004. The Risk – Based View of Trust: A Conceptual Framework [J]. Journal of Business and Psychology, 19 (1): 85 – 116.

Davidsson P. 2015. Entrepreneurial Opportunities and the Entrepreneurship Nexus: A Re – Conceptualization [J]. Journal of Business Venturing, 30 (5): 674 – 695.

De Jong B A, Dirks K T, Gillespie N. 2016. Trust and Team Performance: A Meta – Analysis of Main Effects, Moderators, and Covariates. [J]. Journal of Applied Psychology, 101 (8): 1134 – 1150.

Deakins D, Ishaq M, Smallbone D, Whittam G, Wyper J. 2007. Ethnic Minority Busines-
ses in Scotland and the Role of Social Capital [J]. International Small Business Journal:
Researching Entrepreneurship, 25 (3): 307 – 326.

Ding Z, Au K, Chiang F. 2015. Social Trust and Angel Investors' Decisions: A Multilevel
Analysis Across Nations [J]. Journal of Business Venturing, 30 (2): 307 – 321.

Dinis A. 2006. Marketing and Innovation: Useful Tools for Competitiveness in Rural and
Peripheral Areas [J]. European Planning Studies, 14 (1): 9 – 22.

Dirks K T, Ferrin D L. 2001. The Role of Trust in Organizational Settings [J]. Organiza-
tion Science, 12 (4): 450 – 467.

Dou J, Ye B, Ye J, Pan Z. 2019. Trustworthiness of local government, institutions, and
self – employment in transitional China [J]. China Economic Review, 57: 101329.

Dyer J H, Chu W. 2003. The Role of Trustworthiness in Reducing Transaction Costs and
Improving Performance: Empirical Evidence from the United States, Japan, and Korea
[J]. Organization Science, 14 (1): 57 – 68.

Eckhardt J T, Shane S A. 2003. Opportunities and Entrepreneurship [J]. Journal of Man-
agement, 29 (3): 333 – 349.

Edwards J R, Lambert L S. 2007. Methods for Integrating Moderation and Mediation: A
General Analytical Framework Using Moderated Path Analysis. [J]. Psychological
Methods, 12 (1): 1 – 22.

Endres A M, Woods C R. 2007. The Case for More " Subjectivist" Research on How En-
trepreneurs Create Opportunities [J]. International Journal of Entrepreneurial Behavior
& Research, 13 (4): 222 – 234.

Fehr – Duda H, Epper T, Bruhin A, Schubert R. 2011. Risk and Rationality: The Effects
of Mood and Decision Rules on Probability Weighting [J]. Journal of Economic Behav-
ior & Organization, 78 (1 – 2): 14 – 24.

Fiedler A, Fath B P, Whittaker D H. 2016. Overcoming the Liability of Outsidership in
Institutional Voids: Trust, Emerging Goals, and Learning About Opportunities [J].
International Small Business Journal: Researching Entrepreneurship, 35 (3): 262 – 284.

Fritz M S, MacKinnon D P. 2007. Required Sample Size to Detect the Mediated Effect [J].
Psychological Science, 18 (3): 233 – 239.

Fukuyama F. 1995. Trust: The Social Virtues and the Creation of Prosperity [M]. New

York: Free Press.

Gaglio C M, Katz J A. 2001. The Psychological Basis of Opportunity Identification: Entrepreneurial Alertness [J]. Small Business Economics, 16 (2): 95 – 111.

Gartner W B. 1985. A Conceptual Framework for Describing the Phenomenon of New Venture Creation [J]. Academy of Management Review, 10 (4): 696 – 706.

Gartner W B. 1988. " Who is an Entrepreneur?" is the Wrong Question [J]. American Journal of Small Business, 12 (4): 11 – 32.

Gellynck X, Cárdenas J, Pieniak Z, Verbeke W. 2015. Association between Innovative Entrepreneurial Orientation, Absorptive Capacity, and Farm Business Performance [J]. Agribusiness, 31 (1): 91 – 106.

Geneste L, Galvin P. 2013. Trust and Knowledge Acquisition by Small and Medium – Sized Firms in Weak Client – Firm Exchange Relationships [J]. International Small Business Journal: Researching Entrepreneurship, 33 (3): 277 – 298.

Granovetter M S. 1973. The Strength of Weak Ties [J]. American Journal of Sociology, 78 (6): 1360 – 1380.

Granovetter M. 2017. Society and Economy: Framework and Principles [M]. Massachusetts: Harvard University Press.

Gruber M, MacMillan I C, Thompson J D. 2012. From Minds to Markets: How Human Capital Endowments Shape Market Opportunity Identification of Technology Start – Ups [J]. Journal of Management, 38 (5): 1421 – 1449.

Grégoire D A, Shepherd D A, Schurer Lambert L. 2009. Measuring Opportunity – Recognition Beliefs [J]. Organizational Research Methods, 13 (1): 114 – 145.

Guiso L, Sapienza P, Zingales L. 2006. Does Culture Affect Economic Outcomes? [J]. Journal of Economic Perspectives, 20 (2): 23 – 48.

Guo H, Tang J, Su Z. 2014. To be Different, Or to be the Same? The Interactive Effect of Organizational Regulatory Legitimacy and Entrepreneurial Orientation On New Venture Performance [J]. Asia Pacific Journal of Management, 31 (3): 665 – 685.

Hardin R. 2006. Trust [M]. Cambridge: Polity.

Hayes A F. 2018. Introduction to Mediation, Moderation, and Conditional Process Analysis second Edition [M]. New York: The Guilford Press.

Henry C, McElwee G. 2014. Defining and Conceptualising Rural Enterprise [M]. Exploring Rural Enterprise: New Perspectives On Research, Policy & Practice. Emerald

Group Publishing Limited：1 - 8.

Hilger A，Nordman C. 2020. The Determinants of Trust：Evidence from Rural South India [R]．IZA Discussion Paper Series.

Holm H J，Danielson A. 2005. Tropic Trust versus Nordic Trust：Experimental Evidence From Tanzania and Sweden [J]．The Economic Journal，115（53）：505 - 532.

Huang C，Wang Y，Wu T，Wang P. 2013. An Empirical Analysis of the Antecedents and Performance Consequences of Using the Moodle Platform [J]．International Journal of Information and Education Technology：217 - 221.

Jaiswal N K，Dhar R L. 2017. The Influence of Servant Leadership，Trust in Leader and Thriving on Employee Creativity [J]．Leadership & Organization Development Journal，38（1）：2 - 21.

Jiao H，Cui Y，Zhu Y，Chen J. 2014. Building Entrepreneurs' Innovativeness through Knowledge Management：The Mediating Effect of Entrepreneurial Alertness [J]．Technology Analysis & Strategic Management，26（5）：501 - 516.

Jongeneel R A，Polman N B P，Slangen L H G. 2008. Why are Dutch Farmers Going Multifunctional? [J]．Land Use Policy，25（1）：81 - 94.

Justin Tan J，Litsschert R J. 1994. Environment - Strategy Relationship and its Performance Implications：An Empirical Study of the Chinese Electronics Industry [J]．Strategic Management Journal，15（1）：1 - 20.

Kalantaridis C，Bika Z. 2006. Local Embeddedness and Rural Entrepreneurship：Case - Study Evidence from Cumbria，England [J]．Environment and Planning A，38（8）：1561 - 1579.

Kale P，Singh H，Perlmutter H. 2000. Learning and Protection of Proprietary Assets in Strategic Alliances：Building Relational Capital [J]．Strategic Management Journal，21（3）：217 - 237.

Kale S，Arditi D. 1998. Business Failures：Liabilities of Newness，Adolescence，and Smallness [J]．Journal of Construction Engineering and Management，124（6）：458 - 464.

Karlan D，Mobius M，Rosenblat T，Szeidl A. 2009. Trust and Social Collateral [J]．The Quarterly Journal of Economics：1307 - 1361.

Khanna T，Palepu K. 1997. Why Focused Strategies May be Wrong for Emerging Markets [J]．Harvard Business Review，75：41 - 54.

Khoury T A，Cuervo Cazurra A，Dau L A. 2014. Institutional Outsiders and Insiders：

The Response of Foreign and Domestic Inventors to the Quality of Intellectual Property Rights Protection [J]. Global Strategy Journal, 4 (3): 200 – 220.

Kim J, Putterman L, Zhang X. 2019. Trust, Beliefs and Cooperation: Excavating a Foundation of Strong Economics [R]. Brown University Working Paper Series.

Kim P H, Li M. 2014. Seeking Assurances When Taking Action: Legal Systems, Social Trust, and Starting Businesses in Emerging Economies [J]. Organization Studies, 35 (3): 359 – 391.

Kim T, Wang J, Chen J. 2018. Mutual Trust Between Leader and Subordinate and Employee Outcomes [J]. Journal of Business Ethics, 149 (4): 945 – 958.

Kirzner I M. 1979. Perception, Opportunity, and Profit: Studies in the Theory of Entrepreneurship [M]. Chicago: University of Chicago Press.

Kirzner I M. 1997. Entrepreneurial Discovery and the Competitive Market Process: An Austrian Approach [J]. Journal of Economic Literature, 35 (1): 60 – 85.

Kirzner I M. 2015. Competition and Entrepreneurship [M]. Chicago: University of Chicago Press.

Knight F H. 1921. Risk, Uncertainty and Profit [M]. Boston: Houghton Mifflin.

Korsgaard S, Müller S, Tanvig H W. 2015. Rural Entrepreneurship or Entrepreneurship in the Rural – Between Place and Space [J]. International Journal of Entrepreneurial Behavior & Research, 21 (1): 5 – 26.

Kosfeld M, Heinrichs M, Zak P J, Fischbacher U, Fehr E. 2005. Oxytocin Increases Trust in Humans [J]. Nature, 435 (742): 673 – 676.

Kropp F, Lindsay N J, Shoham A. 2006. Entrepreneurial, Market, and Learning Orientations and International Entrepreneurial Business Venture Performance in South African Firms [J]. International Marketing Review, 23 (5): 504 – 523.

Krueger F, McCabe K, Moll J, Kriegeskorte N, Zahn R, Strenziok M, Heinecke A, Grafman J. 2007. Neural Correlates of Trust [J]. Proceedings of the National Academy of Sciences, 104 (50): 20084 – 20089.

Kwon I, Sohn K. 2019. Trust Or Distrust: Entrepreneurs Vs. Self – Employed [J]. Small Business Economics.

Kwon S, Arenius P. 2010. Nations of Entrepreneurs: A Social Capital Perspective [J]. Journal of Business Venturing, 25 (3): 315 – 330.

Labrianidis L. 2006. Human Capital as the Critical Factor for the Development of Europe's

Rural Peripheral Areas [J]. The New European Rurality: Strategies for Small Firms: 41 – 59.

Lafuente E, Vaillant Y, Rialp J. 2007. Regional Differences in the Influence of Role Models: Comparing the Entrepreneurial Process of Rural Catalonia [J]. Regional Studies, 41 (6): 779 – 796.

Lang R, Fink M. 2019. Rural Social Entrepreneurship: The Role of Social Capital within and Across Institutional Levels [J]. Journal of Rural Studies, 70: 155 – 168.

Langevang T, Namatovu R, Dawa S. 2012. Beyond Necessity and Opportunity Entrepreneurship: Motivations and Aspirations of Young Entrepreneurs in Uganda [J]. International Development Planning Review, 34 (4): 439 – 460.

Lans T, Seuneke P, Klerkx L. 2017. Agricultural Entrepreneurship [M]. New York: Springer: 1 – 7.

Ledyard J O. 1995. Public Goods: A Survey of Experimental Research [M]. Princeton: Princeton University Press.

Lewbel A. 2012. Using Heteroscedasticity to Identify and Estimate Mismeasured and Endogenous Regressor Models [J]. Journal of Business & Economic Statistics, 30 (1): 67 – 80.

Lewbel A. 2018. Identification and Estimation Using Heteroscedasticity without Instruments: The Binary Endogenous Regressor Case [J]. Economics Letters, 165: 10 – 12.

Li L. 2004. Political Trust in Rural China [J]. Modern China, 30 (2): 228 – 258.

Liu E M. 2013. Time to Change What to Sow: Risk Preferences and Technology Adoption Decisions of Cotton Farmers in China [J]. Review of Economics and Statistics, 95 (4): 1386 – 1403.

Liu J. 2011. Human Capital, Migration and Rural Entrepreneurship in China [J]. Indian Growth and Development Review, 4 (2): 100 – 122.

Luhmann N. 1979. Trust and Power [M]. New York: John Wiley & Sons Limited.

Ma L, Christensen T. 2018. Government Trust, Social Trust, and Citizens' Risk Concerns: Evidence from Crisis Management in China [J]. Public Performance & Management Review, 42 (2): 383 – 404.

Ma R, Huang Y C, Shenkar O. 2011. Social Networks and Opportunity Recognition: A Cultural Comparison Between Taiwan and the United States [J]. Strategic Management Journal, 32 (11): 1183 – 1205.

Malecki E J. 2018. Entrepreneurs, Networks, and Economic Development: A Review of

Recent Research [M]. Reflections and Extensions on Key Papers of the First Twenty - Five Years of Advances. Emerald Publishing Limited: 71 - 116.

Massaro M, Moro A, Aschauer E, Fink M. 2019. Trust, Control and Knowledge Transfer in Small Business Networks [J]. Review of Managerial Science, 13 (2): 267 - 301.

Mayer R C, Davis J H, Schoorman F D. 1995. An Integrative Model of Organizational Trust [J]. Academy of Management Review, 20 (3): 709 - 734.

Mayr E. 1988. Toward a New Philosophy of Biology: Observations of an Evolutionist [M]. Cambridge: Harvard University Press.

McLain D L, Hackman K. 1999. Trust, Risk, and Decision - Making in Organizational Change [J]. Public Administration Quarterly: 152 - 176.

Meccheri N, Pelloni G. 2006. Rural Entrepreneurs and Institutional Assistance: An Empirical Study from Mountainous Italy [J]. Entrepreneurship & Regional Development, 18 (5): 371 - 392.

Min H, Park J, Kim H J. 2016. Common Method Bias in Hospitality Research: A Critical Review of Literature and an Empirical Study [J]. International Journal of Hospitality Management, 56: 126 - 135.

Myers C D, Tingley D. 2016. The Influence of Emotion on Trust [J]. Political Analysis, 24 (4): 492 - 500.

Nannestad P. 2008. What Have we Learned About Generalized Trust, If Anything? [J]. Annual Review of Political Science, 11 (1): 413 - 436.

Ndubuisi G. 2019. Trust and R&D Investments: Evidence from OECD Countries [R]. MPRA Working Paper Series.

Nee V, Holm H J, Opper S. 2018. Learning to Trust: From Relational Exchange to Generalized Trust in China [J]. Organization Science, 29 (5): 969 - 986.

Newbert S L, Tornikoski E T. 2013. Resource Acquisition in the Emergence Phase: Considering the Effects of Embeddedness and Resource Dependence [J]. Entrepreneurship Theory and Practice, 37 (2): 249 - 280.

Newton K, Zmerli S. 2011. Three Forms of Trust and their Association [J]. European Political Science Review, 3 (2): 169 - 200.

Ozgen E, Baron R A. 2007. Social Sources of Information in Opportunity Recognition: Effects of Mentors, Industry Networks, and Professional Forums [J]. Journal of Business Venturing, 22 (2): 174 - 192.

Peteraf M A. 1993. The Cornerstones of Competitive Advantage: A Resource - Based View [J]. Strategic Management Journal, 14 (3): 179 - 191.

Plummer L A, Haynie J M, Godesiabois J. 2007. An Essay on the Origins of Entrepreneurial Opportunity [J]. Small Business Economics, 28 (4): 363 - 379.

Politis D. 2005. The Process of Entrepreneurial Learning: A Conceptual Framework [J]. Entrepreneurship Theory and Practice, 29 (4): 399 - 424.

Pollack J M, Barr S, Hanson S. 2017. New Venture Creation as Establishing Stakeholder Relationships: A Trust - Based Perspective [J]. Journal of Business Venturing Insights, 7: 15 - 20.

Poppo L, Zhou K Z, Li J J. 2016. When Can You Trust "Trust"? Calculative Trust, Relational Trust, and Supplier Performance [J]. Strategic Management Journal, 37 (4): 724 - 741.

Puffer S M, McCarthy D J, Boisot M. 2010. Entrepreneurship in Russia and China: The Impact of Formal Institutional Voids [J]. Entrepreneurship Theory and Practice, 34 (3): 441 - 467.

Putnam R D, Leonardi R, Nanetti R Y. 1994. Making Democracy Work: Civic Traditions in Modern Italy [M]. princeton: Princeton University Press.

Putnam R D. 1993. The Prosperous Community [J]. The American Prospect, 4 (13): 35 - 42.

Ramoglou S, Gartner W B, Tsang E W K. 2020. " Who is an Entrepreneur?" is (Still) the Wrong Question [J]. Journal of Business Venturing Insights (13): 168.

Ren S, Shu R, Bao Y, Chen X. 2016. Linking Network Ties to Entrepreneurial Opportunity Discovery and Exploitation: The Role of Affective and Cognitive Trust [J]. International Entrepreneurship and Management Journal, 12 (2): 465 - 485.

Rivers D, Vuong Q H. 1988. Limited Information Estimators and Exogeneity Tests for Simultaneous Probit Models [J]. Journal of Econometrics, 39 (3): 347 - 366.

Rooks G, Klyver K, Sserwanga A. 2016. The Context of Social Capital: A Comparison of Rural and Urban Entrepreneurs in Uganda [J]. Entrepreneurship Theory and Practice, 40 (1): 111 - 130.

Ross V L, Fielding K S, Louis W R. 2014. Social Trust, Risk Perceptions and Public Acceptance of Recycled Water: Testing a Social - Psychological Model [J]. Journal of Environmental Management, 137: 61 - 68.

Rousseau D M, Sitkin S B, Burt R S, Camerer C. 1998. Not so Different After All: A Cross - Discipline View of Trust [J]. Academy of Management Review, 23 (3): 393 - 404.

Schwerter F, Zimmermann F. 2019. Determinants of Trust: The Role of Personal Experiences [R]. University of Bonn and University of Mannheim, Discussion Paper Series.

Scott III C L. 1980. Interpersonal Trust: A Comparison of Attitudinal and Situational Factors [J]. Human Relations, 33 (11): 805 - 812.

Scott J C. 1977. The Moral Economy of the Peasant: Rebellion and Subsistence in Southeast Asia [M]. New Haven: Yale University Press.

Seligman A B. 2000. The Problem of Trust [M]. princeton: Princeton University Press.

Senyard J M. 2015. Bricolage and Early Stage Firm Performance [D]. Queensland University of Technology.

Seuneke P, Lans T, Wiskerke J S C. 2013. Moving Beyond Entrepreneurial Skills: Key Factors Driving Entrepreneurial Learning in Multifunctional Agriculture [J]. Journal of Rural Studies, 32: 208 - 219.

Shane S, Venkataraman S. 2000. The Promise of Entrepreneurship as a Field of Research [J]. Academy of Management Review, 25 (1): 217 - 226.

Shane S. 2000. Prior Knowledge and the Discovery of Entrepreneurial Opportunities [J]. Organization Science, 11 (4): 448 - 469.

Sheather S. 2009. A Modern Approach to Regression with R [M]. New York: Springer.

Shepherd D A, DeTienne D R. 2005. Prior Knowledge, Potential Financial Reward, and Opportunity Identification [J]. Entrepreneurship Theory and Practice, 29 (1): 91 - 112.

Short J C, Ketchen D J, Shook C L, Ireland R D. 2009. The Concept of " Opportunity" in Entrepreneurship Research: Past Accomplishments and Future Challenges [J]. Journal of Management, 36 (1): 40 - 65.

Shu R, Ren S, Zheng Y. 2018. Building Networks Into Discovery: The Link Between Entrepreneur Network Capability and Entrepreneurial Opportunity Discovery [J]. Journal of Business Research, 85: 197 - 208.

Smith D A, Lohrke F T. 2008. Entrepreneurial Network Development: Trusting in the Process [J]. Journal of Business Research, 61 (4): 315 - 322.

Sohn K, Kwon I. 2018. Does Trust Promote Entrepreneurship in a Developing Country? [J]. The Singapore Economic Review, 63 (5): 1385 - 1403.

Song G, Min S, Lee S, Seo Y. 2017. The Effects of Network Reliance on Opportunity

Recognition: A Moderated Mediation Model of Knowledge Acquisition and Entrepreneurial Orientation [J]. Technological Forecasting and Social Change, 117: 98 – 107.

Stam W, Arzlanian S, Elfring T. 2014. Social Capital of Entrepreneurs and Small Firm Performance: A Meta – Analysis of Contextual and Methodological Moderators [J]. Journal of Business Venturing, 29 (1): 152 – 173.

Stathopoulou S, Psaltopoulos D, Skuras D. 2004. Rural Entrepreneurship in Europe: A Research Framework and Agenda [J]. International Journal of Entrepreneurial Behavior & Research, 10 (6): 404 – 425.

Stull M, Aram J D. 2010. Exploring Trust as an Influencing Mechanism of Intrapreneurship [J]. International Journal of Management and Marketing Research, 3 (3): 17 – 38.

Su Y, Zahra S A, Li R, Fan D. 2020. Trust, Poverty, and Subjective Wellbeing Among Chinese Entrepreneurs [J]. Entrepreneurship & Regional Development, 32 (1 – 2): 221 – 245.

Sztompka P. 1999. Trust: A Sociological Theory [M]. Cambridge: Cambridge University Press.

Tang J. 2008. Environmental Munificence for Entrepreneurs: Entrepreneurial Alertness and Commitment [J]. International Journal of Entrepreneurial Behavior & Research, 14 (3): 128 – 151.

Timmons J A, Bygrave W D. 1992. Venture Capital at the Crossroads [M]. Boston, Massachusetts: Harvard Business School Press.

Timmons J A, Spinelli S. 2009. New Venture Creation: Entrepreneurship for the 21st Century 8th Edition [M]. New York: McGraw – Hill.

Tseng C. 2013. Connecting Self – Directed Learning with Entrepreneurial Learning to Entrepreneurial Performance [J]. International Journal of Entrepreneurial Behavior & Research, 19 (4): 425 – 446.

Ucbasaran D, Westhead P, Wright M. 2009. The Extent and Nature of Opportunity Identification by Experienced Entrepreneurs [J]. Journal of Business Venturing, 24 (2): 99 – 115.

Uslaner E M. 2000. Producing and Consuming Trust [J]. Political Science Quarterly, 115 (4): 569 – 590.

Uzzi B, Lancaster R. 2003. Relational Embeddedness and Learning: The Case of Bank Loan Managers and their Clients [J]. Management Science, 49 (4): 383 – 399.

Vaillant Y, Lafuente E. 2007. Do Different Institutional Frameworks Condition the Influence of Local Fear of Failure and Entrepreneurial Examples Over Entrepreneurial Activity? [J]. Entrepreneurship and Regional Development, 19 (4): 313 – 337.

Valliere D. 2013. Towards a Schematic Theory of Entrepreneurial Alertness [J]. Journal of Business Venturing, 28 (3): 430 – 442.

Van de Ven A H, Hudson R, Schroeder D M. 1984. Designing New Business Startups: Entrepreneurial, Organizational, and Ecological Considerations [J]. Journal of Management, 10 (1): 87 – 108.

Venkataraman S. 1997. The Distinctive Domain of Entrepreneurship Research [J]. Advances in Entrepreneurship, Firm Emergence and Growth, 3 (1): 119 – 138.

Wang C L. 2008. Entrepreneurial Orientation, Learning Orientation, and Firm Performance [J]. Entrepreneurship Theory and Practice, 32 (4): 635 – 657.

Webb J W, Khoury T A, Hitt M A. 2020. The Influence of Formal and Informal Institutional Voids on Entrepreneurship [J]. Entrepreneurship Theory and Practice, 44 (3): 504 – 526.

Weick K E. 1979. The Social Psychology of Organizing Second Edition [M]. Reading, Mass: Addison – Wesley.

Welch M R, Rivera R E N, Conway B P, Yonkoski J, Lupton P M, Giancola R. 2005. Determinants and Consequences of Social Trust [J]. Sociological Inquiry, 75 (4): 453 – 473.

Welter F, Kautonen T. 2005. Trust, Social Networks and Enterprise Development: Exploring Evidence from East and West Germany [J]. The International Entrepreneurship and Management Journal, 1 (3): 367 – 379.

Welter F, Smallbone D. 2006. Exploring the Role of Trust in Entrepreneurial Activity [J]. Entrepreneurship Theory and Practice, 30 (4): 465 – 475.

Welter F. 2012. All You Need is Trust? A Critical Review of the Trust and Entrepreneurship Literature [J]. International Small Business Journal: Researching Entrepreneurship, 30 (3): 193 – 212.

Wernerfelt B. 1984. A Resource - Based View of the Firm [J]. Strategic Management Journal, 5 (2): 171 – 180.

Williamson O E. 1993. Calculativeness, Trust, and Economic Organization [J]. The Journal of Law and Economics, 36 (1): 453 – 486.

Wortman Jr M S. 1990. Rural Entrepreneurship Research: An Integration Into the Entrepreneurship Field [J]. Agribusiness, 6 (4): 329 – 344.

Wu A, Song D, Yang Y. 2019. Untangling the Effects of Entrepreneurial Opportunity On the Performance of Peasant Entrepreneurship: The Moderating Roles of Entrepreneurial Effort and Regional Poverty Level [J]. Entrepreneurship & Regional Development: 1 – 22.

Wu W, Firth M, Rui O M. 2014. Trust and the Provision of Trade Credit [J]. Journal of Banking & Finance, 39: 146 – 159.

Xiao W, Wu M. 2020. Life – Cycle Factors and Entrepreneurship: Evidence From Rural China [J]. Small Business Economics.

Yogo U T. 2015. Trust and the Willingness to Contribute to Environmental Goods in Selected African Countries [J]. Environment and Development Economics, 20 (5): 650 – 672.

Yu T F. 2001. Entrepreneurial Alertness and Discovery [J]. The Review of Austrian Economics, 14 (1): 47 – 63.

Zaheer A, McEvily B, Perrone V. 1998. Does Trust Matter? Exploring the Effects of Interorganizational and Interpersonal Trust on Performance [J]. Organization Science, 9 (2): 141 – 159.

Zak P J, Knack S. 2001. Trust and Growth [J]. The Economic Journal, 111 (470): 295 – 321.

Zenebe A, Alsaaty F M, Anyiwo D. 2018. Relationship Between Individual's Entrepreneurship Intention, and Adoption and Knowledge of Information Technology and its Applications: An Empirical Study [J]. Journal of Small Business & Entrepreneurship, 30 (3): 215 – 232.

Zhang J, Soh P, Wong P. 2010. Entrepreneurial Resource Acquisition through Indirect Ties: Compensatory Effects of Prior Knowledge [J]. Journal of Management, 36 (2): 511 – 536.

Zhao H, Seibert S E, Lumpkin G T. 2010. The Relationship of Personality to Entrepreneurial Intentions and Performance: A Meta – Analytic Review [J]. Journal of Management, 36 (2): 381 – 404.

Zhao Y, Li Y, Lee S H, Bo Chen L. 2011. Entrepreneurial Orientation, Organizational Learning, and Performance: Evidence From China [J]. Entrepreneurship Theory and Practice, 35 (2): 293 – 317.